电力营销数据质量治理系列丛书

U0643033

电力营销数据质量治理
应知应会

国家电网有限公司市场营销部 编

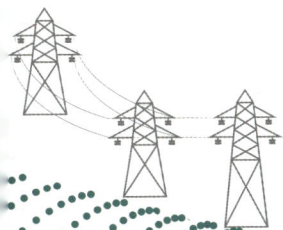

中国电力出版社
CHINA ELECTRIC POWER PRESS

图书在版编目（CIP）数据

电力营销数据质量治理系列丛书 . 电力营销数据质量治理应知应会 / 国家电网有限公司
市场营销部编 . —— 北京 ：中国电力出版社，2023.12（2024.2重印）
ISBN 978-7-5198-8327-0

Ⅰ. ①电… Ⅱ. ①国… Ⅲ. ①电力工业－市场营销学－数据管理－中国 Ⅳ. ①F426.61

中国国家版本馆 CIP 数据核字（2023）第 222064 号

出版发行：中国电力出版社
地　　址：北京市东城区北京站西街 19 号（邮政编码 100005）
网　　址：http://www.cepp.sgcc.com.cn
责任编辑：杨敏群　朱安琪
责任校对：黄　蓓　常燕昆
责任印制：钱兴根

印　　刷：三河市万龙印装有限公司
版　　次：2023 年 12 月第一版
印　　次：2024 年 2 月北京第二次印刷
开　　本：710 毫米 ×1000 毫米　16 开本
印　　张：8.25
字　　数：118 千字
定　　价：35.00 元

电力营销数据质量治理系列丛书

编 委 会

主 任　李　明

副主任　唐文升

委　员					
郭　朋	方学民	张兴华	李树国	葛得辉	王子龙
李连海	陈俊章	何　胜	王锦志	何宝灵	解利斌
焦志文	欧阳亚平	杨　恒	范旭东	周　晖	李晓强
王　鑫	彭楚宁	刘　一	朱　克	武　斌	马建伟
王　阳	郑晓雨	宋　莉	李　磊	郭佳迪	胡永朋
王　齐	秦　帅	姚明路	付文杰	霍大伟	何　龙
张爱群	盛　明	龙　禹	沈百强	张　波	熊益红
刘庆涛	潘继雄	郭　雷	张吴敏	赵　芳	黄　会
赵永彬	郭云峰	张永强	郑世英	郭云涛	赵长军
李炳胜	黄富才	董继军	袁世文	杨成月	曾玲丽
邓志东	赵　兵				

电力营销数据质量治理应知应会
编 写 组

主　编	王锦志	何宝灵	何　胜	杨　恒	解利斌	周　晖	范旭东
	陈海洋	祖　敏	王智卜	马鲁晋	潘艳霞	李贵民	张永康
	陈黎军	吕　斌	陈秀丽	易志宇	陈湘媛	孙合法	詹瑞华
	唐　勇	王先明	张　冶	赵志坤	王剑波	王治国	王自军
	宁大鹏	牛威如	郭志华	李春芳	李满树	贡　嘎	张　莉
	周　峰	周　俊	王宏伟				

副主编	朱　克	汪自虎	周荣臻	宫立华	刘炳超	于　洋	刘振扬
	高　乐	王宏民	林　华	李　颖	王俊龙	王秀明	乔　羽
	王　鑫	李树青	张　腾	侯素颖	刘辉舟	黄　荷	宋　睿
	杨　阳	刘树来	李桂林	胡　兴	刘栋果	姚云霓	崔新廷
	杨慧敏	杜　杰	黎启明	乔　虎	路　洁	黄　华	耿　菲
	于景阳	陈　昊	李亚杰	刘　锋	黄　莺		

编写人员	裴一菲	周辛南	韩思雨	赵琛辉	张国民	刘红飞	赵　斌
	吴　丹	徐清新	李小芳	陈　锋	杨福利	杨红涛	李高扬
	耿　涛	刘瑞涛	冯　剑	万国强	王旭东	孔吟潇	张　艳
	张　旭	吴　前	陈　杰	陈　尖	蒋莫若	王玉东	刘　庆
	周有金	况贞戎	侯旮宇	白云峰	陈　琦	楚成博	卢　帅
	杨序明	曾洪飞	吕　呈	迪里达尔	马黎明	周海超	谢晓爽
	刘　冰	于　涵	杨　帆	张　帝	谢　超	李　华	周晨晖
	王　波	李婉婷	刘　洋	张　敏	李冰洋	周　越	李海洪
	颜从国	杨迎旗	冯隆基	王　芃	潘雨晴	郑皓天	陈雪薇
	周雪飞	张　璐	李　军	朗珍白桑	郭　伟	王巳腾	朱丽萍
	王剑峰	于　晨	吕　毅	胡　磊	费丹雄	李　佳	王嵩为
	徐微微	张明轩	王　雷	宋剑枫	徐明月	冯　磊	周吉康

审稿人员	丁　晓	殷庆铎	王翰林	王文天	李　玮	栾开宁	李世伟
	丁毛毛	季晓明	洪　杨	余锦河	朱子旭	江　龙	林晓静
	韩硕辰	鞠文杰	裴炜浩	赵　骞	曹　晶	李晓丽	康乃荻
	杜松龄	薛晓慧	秦　蕊	窦　波	滕　宇	蒋　涛	林　鹤
	许道强	李凯丰	蒋文峰	林惠勇	贾卫军	高占宾	杨　超
	刘鲲鹏	张宏伟	毛宏涛	赖世仁	杨　龙	周凤华	

前　言

　　数据治理是提升客户业务办理体验和基层工作效率的关键抓手，是建设站位更高远、理念更深入、手段更先进、运营更高效、队伍更专业、品质更优秀的卓越供电服务体系的重要手段，是打造世界一流供电服务企业的必由之路。国家电网有限公司坚持"人民电业为人民"的企业宗旨和以客户为中心的服务理念，2021—2022年专项开展了营销普查和规范工作，致力于夯实营销基础管理、促进营销数字化转型、打造高品质卓越服务。

　　数据治理工作具有长期性、复杂性和广泛性。为强化营销服务人员对数据质量提升的理解和认识，推进营销普查和规范治理常态化，同时为营销2.0系统上线应用提供更加精准、规范的数据支撑，国网市场营销部组织行业、系统内营销专家编写了《电力营销数据质量治理系列丛书》。本丛书深入总结了营销普查和规范两年工作的成效，广泛调研了营销系统基层一线人员工作质量，以实用性、先进性、规范性为原则，共分为电力营销数据质量治理应知应会、电力营销数据质量治理百问百答、营销普查稽核实务、营销普查数字化技术应用、居住小区档案应用、营销2.0系统普查实践等6个分册，以期全面升级数据治理的制度体系、技术工具和队伍能力，全面提升营销人员的数据意识、知识结构和服务水平。

　　本丛书的内容涉及电力营销与数据质量管理、电力营销与服务品质管理工作的诸多方面，既可以作为电网企业开展电力营销数据质量治理实践的参考用书，也可以作为营销服务人员提升能力的培训教材。

编者

2023年9月

目 录

前 言

第四章 制度规则引用 / 101

附 录

第一章

数据质量标准

一、公共属性字段

用户名称

字段释义

用户名称即电力使用者（用户）名称，是依法与供电企业建立供用电关系的组织或个人的名称。以用户提供有效证件的名称予以确定用电户名称，如居民身份证、企业注册营业执照上的标注名称，需确保准确性和完整性，不可用简化字、错别字等。

校核范围 高压用户、低压非居民用户、低压居民用户。

匹配逻辑

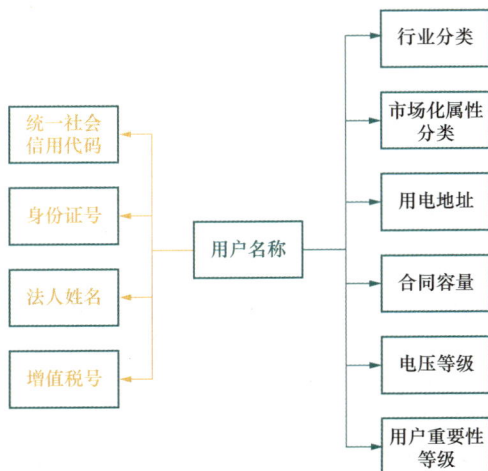

图1-1 用户名称逻辑关系

采录校验

（1）不可为空；字符类型，最大长度256个字符。

（2）允许值不包含特殊字符，如：@、&、*等。

逻辑校验

（1）一般工商业的高压用户、低压非居民用户应采用营业执照、组织机构代码证、税务登记证、企事业法人证书、统一社会信用代码证等主体资格证明上的标准名称。

（2）居民用户采用户主身份证、户口本、护照、营业执照、组织机构代码证等相关证件上的标准名称。

二、外部属性字段

1.统一社会信用代码

字段释义

统一社会信用代码也称为纳税人识别号，是由纳税人所属地代码及纳税人组织机构代码等组成的属于纳税人的编码，长度为18位。每个独立核算企业的识别号都是唯一的，且每个纳税人识别号只允许一个企业使用，相当于企业的"身份证"号，是一组长度为18位的用于法人和其他组织身份识别的代码。三证合一后，营业执照、统一社会信用代码证和税务登记证编号统一。

校核范围

（1）高压用户中的普通工业、大工业、商业等三类用户。

（2）低压非居民用户：普通工业用户、容量大于100kW的商业用户。（注：按照《国家发展改革委关于第三监管周期省级电网输配电价及有关事项的通知》规定，将现行销售电价逐步归并为居民生活、农业生产及工商业其他用电三个类别，其中工商业及其他用电包括两部制工商业和单一制工商业，不特殊说明时，本书中提到的一般工商业用户以及普通工业，非工业，非居民照明，商业用户均对应单一制工商业用户，大工业用户对应两部制工商业用户，其电价也对应相应的单一制和两部制工商业电价。）

匹配逻辑

图1-2　统一社会信用代码逻辑关系

字段截图

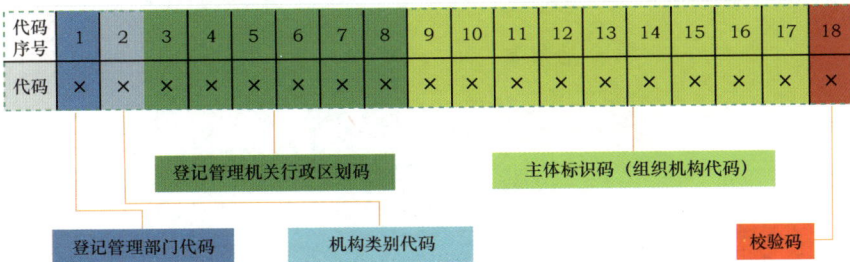

图1-3　统一社会信用代码构成示意图

采录校验　企业用户不可为空；字符类型，最大长度32个字符。

逻辑校验

（1）每个企业用户的统一社会信用代码唯一，需与营销系统用户名称一致。

（2）标准规定统一社会信用代码用18位阿拉伯数字或大写英文字母表示，分别是1位登记管理部门代码、1位机构类别代码、6位登记管理机关行政区划码、9位主体标识码（组织机构代码）和1位校验码。

（3）工商数据登记的社会统一信用代码不得处于注销状态。

2.身份证号

字段释义

身份证号是国家法定的证明公民个人身份的唯一的、不变的有效证件号码。它是特征组合码，由17位数字本体码和1位校验码组成。排列顺序从左至右依次为：6位数字地址码，8位数字出生日期码，3位数字顺序码和1位数字校验码。

校核范围 高压用户、低压非居民用户、低压居民。

匹配逻辑

图1-4 身份证号逻辑关系

字段截图

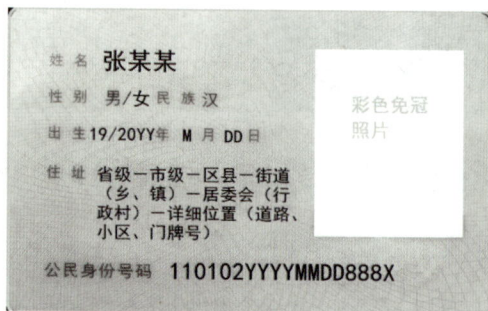

图1-5 身份证模板

采录校验 可为空；字符类型，最大长度32个字符。

逻辑校验

（1）居民身份证号是特征组合码，由17位数字本体码和一位校验码组成。排列顺序从左至右依次为：6位数字地址码，8位数字出生日期码，3位数字顺序码和一位数字校验码。

（2）集团户或批量新装的不同居民用户编号，身份证号重复允许超过500户；其他情况不允许超过500户。

3.法人姓名

字段释义

法人姓名即法人名称，是指法人特定化的标志，具有民事权利能力和民事行为能力，依法独立享有民事权利和承担民事义务的组织。本字段特指企业客户的企业法人代表姓名。

校核范围

高低压非居民用户中具有民事权利能力和民事行为能力，依法独立享有民事权利和承担民事义务的企业或组织。

企业用户范围：

（1）高压用户中的普通工业、大工业、商业三类用户。

（2）低压非居民用户中普通工业、商业且容量大于100kW的用户。

匹配逻辑

联系人手机号 → 法人姓名 → 用户名称

图1-6 法人姓名逻辑关系

采录校验

（1）不可为空；字符类型，最大长度256个字符。

（2）法人姓名应由2个及以上的字段组成。

（3）不得包含特殊字符，如：@、&、*等。

逻辑校验

法人姓名应采用营业执照、组织机构代码证、税务登记证、企事业法人证书、统一社会信用代码证等主体资格证明上的法人姓名。

4.增值税号

字段释义

即纳税人识别号。纳税人识别号是税务登记证上的号码，通常简称为"税号"，每个企业的纳税人识别号都是唯一的。增值税号、增值税名、增值税电话、增值税银行、增值账号五个字段组成企业用户的"开票信息"，这五个字段都需要与用户在税务机关注册的开票信息完全一致。三证合一后，营业执照、统一社会信用代码证和税务登记证编号统一。

校核范围 高压企业用户中的普通工业、大工业、商业三类用户。

匹配逻辑

联系人手机号 ← 增值税号 → 用户名称

图1-7 增值税号逻辑关系

采录校验 不可为空；字符类型，最大长度32个字符。

逻辑校验

（1）每个企业用户的增值税号唯一。

（2）增值税用户应有增值税信息，包含增值税号、增值税名、增值税电话、增值账号等相关信息。

5.联系人手机号

字段释义 联系人的移动电话号码。

校核范围 高压用户、低压非居民用户、低压居民用户。

匹配逻辑

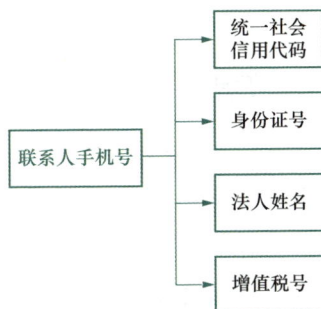

图1-8　联系人手机号逻辑关系

采录校验　不可为空；数值类型，有效位数11位。

逻辑校验

（1）应属于运营商通信功能号段。

（2）集团户或批量新装的不同居民用户编号，联系人手机号码重复允许超过500户；其他情况不允许超过500户。

三、用电属性字段

1.行业分类

字段释义

行业分类指根据行业标准编码表，划分的从事国民经济中同性质的生产或其他经济社会活动的经营单位或者个体的组织结构体系。

校核范围　高压用户、低压非居民用户、低压居民用户。

匹配逻辑

图1-9　行业分类逻辑关系

采录校验

（1）不可为空；字符类型，最大长度8个字符。

（2）根据GB/T 4754—2017《国民经济行业分类》及《所有经济活动的国际标准行业分类》（2006年，修订第四版，ISIC Rev.4），结合用户现场用电情况选择行业分类。

（3）用户选择的行业分类应为最末级行业分类。

逻辑校验

（1）用户电价的行业类别是城乡居民，电价对应用电类别应为城乡居民。

（2）计量点和用户电价应存在对应关系。

（3）八大高耗能行业营业户档案电价用电分类必须为大工业、普通工业、非工业的一种。

2.市场化属性分类

字段释义

市场化属性分类指用户的市场化属性所属类别。按销售场所、渠道将电力用户划分为市场化、非市场化、电能替代和电能替代（市场化）、电网代购等四类。其中：市场化用户包括市场化直接交易用户（在交易、待交易和打捆）、市场化零售用户、增量配电网和部分市场化零售用户；非市场化用户包括营销已冻结和市场化已冻结用户；电网代购用户包括普通代购用户、退市代购用户、拥有燃煤自备电厂代购用户和高耗能代购用户。

校核范围　除农业生产、居民生活用电用户之外的用户。

匹配逻辑

图1-10　市场化属性分类逻辑关系

采录校验

（1）不可为空；字符类型，最大长度8个字符。

（2）根据用户现场选择市场化属性分类。

逻辑校验

具备市场化属性的用户不应为农业生产用户和居民生活用电用户。

3.用电地址

字段释义

用电方受电设备所处的地理位置，包括省（自治区，直辖市）、市（地区、自治州、盟）、区县（州、县级市、旗）、乡镇/街道（民族乡）、社区/行政村（居委会）和详细位置（道路、小区、门牌号）。

校核范围 高压用户、低压非居民用户、低压居民用户。

匹配逻辑

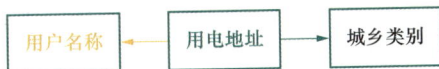

图1-11 用电地址逻辑关系

采录校验 不可为空；字符类型，最大长度256个字符。

逻辑校验

（1）省、市、县不能为空，直辖市不需校验。

（2）街道/乡镇（民族乡）、社区/行政村（居委会）不能为空。

（3）城区客户道路名称不能为空；农村或者边远地区，道路名称不需校验。

（4）城市小区名称、楼栋、单元、房屋信息齐全。

（5）农村村庄名称不能为空，门牌号码可以选填。

（6）用电地址不应有特殊字符、全角字符。

（7）同一表箱的客户用电地址，除了门牌号码，其余地址信息应一致。

（8）不能存在一址多户。

4.城乡类别

字段释义

城乡类别是划分城乡的重要标识和依据，以国务院关于市镇建制的规定和行政区划为划分基础，以民政部门确认的社区居民委员会、村民委员会辖区及类似村级地域为划分对象，以政府驻地的实际建设与周边区域的连接状况为划分依据。城乡类别采用城乡属性判断法进行划分，即先根据实际建设判断村级单位的城乡属性，再根据村级单位所在的统计区域和城乡属性，综合判断出村级单位的城乡类别。

校核范围 高压用户、低压非居民用户、低压居民用户。

匹配逻辑

用电地址 ← 城乡类别 → 用电类别

图1-12 城乡类别逻辑关系

采录校验

（1）不可为空或非标准代码值。

（2）根据用户现场用电区域选择，包含城市、农村、特殊边远地区。

逻辑校验

（1）当五级地址[省（自治区、直辖市）、市（地区、自治州、盟）、区县（州、县级市、旗）、街道/乡镇（民族乡）、社区/行政村（居委会）]等相同时，不同用户的城乡类别应相同。

（2）应与用电类别中城镇或乡村属性匹配。

5.合同容量

字段释义

合同容量指供电企业许可并在供用电合同中约定的用户受电设备总容量。对居民用户而言，合同容量指装设的电能表表量；对低压用户而言，合同容量指允许装接的用电设备容量；对高压用户而言，合同容量指直接接在受电电压线路上的变压器和直配高压电动机容量之和。双电源或多电源用户，应按每路电源可接入容量的最大可能值之和计算。

校核范围 高压用户、低压非居民用户、低压居民用户。

匹配逻辑

用户名称 ← 合同容量 → 运行容量

图1-13 合同容量逻辑关系

采录校验

不可为空；数值类型，有效位数16位，小数位6位。

逻辑校验

（1）正常用电户的合同容量大于零。

（2）电压在110kV及以上的用户，合同容量不能低于1万kVA。

（3）合同容量不小于运行容量。

（4）合同容量50kVA以下的用电，供电电压不应大于或等于35kV。

（5）用户的安装容量或合同容量值不能大于1亿kVA。

（6）用户合同容量不应小于主供电源或常用互为备用电源的供电容量之和。

（7）合同容量应与用户所属受电设备总容量相等。

（8）合同容量低于100kVA不应执行力率考核。

6.运行容量

字段释义

运行容量指用电客户正在使用的合同容量。一般情况下，合同容量与运行容量是一致的，但专变用户如办理了减容或暂停等业务时，运行容量会与合同容量不一致，在减容或暂停期间其运行容量等于合同容量减去已减容或暂停的容量。

校核范围 高压用户、低压非居民用户、低压居民用户。

匹配逻辑

图1-14　运行容量逻辑关系

采录校验

不可为空；数值类型，有效位数16位，小数位6位。

逻辑校验

（1）运行容量不小于零。

（2）运行容量不应大于合同容量。

（3）运行容量应与运行受电设备总容量相等。

（4）执行大工业电价时，档案运行容量不应小于315kVA。

（5）执行普通工业电价时，档案运行容量应小于315kVA。

7.电压等级

字段释义

电压等级指用电客户的供电电压等级代码，多路电源时取电压等级最高的供电电压等级代码。

校核范围　高压用户、低压非居民用户、低压居民用户。

匹配逻辑

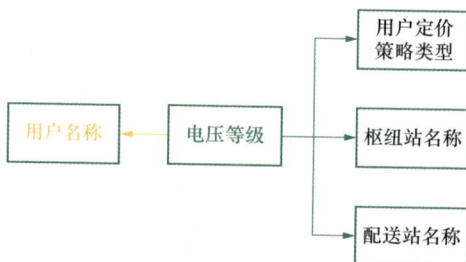

图1-15　电压等级逻辑关系

采录校验

（1）不可为空；字符类型，最大长度8个字符。

（2）根据用电客户的现场供电电压，选择对应的等级代码。

📋 **逻辑校验**

（1）低压居民及非居民用户电压等级应小于6kV。

（2）高压用户电压等级应大于0.4kV。

（3）高压用户高压电源供电电压应与所属供电线路电压等级一致。

（4）用电类别所属工业类用户的电压等级不应小于220V。

（5）大工业用户电压等级不应小于6kV。

（6）用户电压等级为高压，主计量点计量方式不应为低供低计。

8.用户重要性等级

🗒 **字段释义**

根据供电可靠性要求以及中断供电危害程度，将电力用户分为特级、一级、二级、临时性重要电力用户和非重要电力用户。

❄ **校核范围**　高压用户。

🔗 **匹配逻辑**

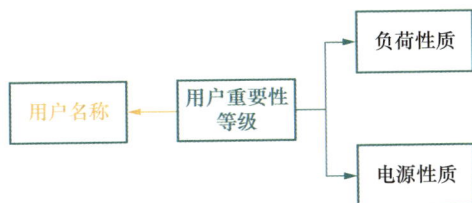

图1-16 用户重要性等级逻辑关系

📝 **采录校验**

（1）不可为空；字符类型，最大长度8个字符。

（2）根据用户实际情况，选择用户重要性等级。

📋 **逻辑校验**

（1）每个用户只允许一种分类。

（2）特级重要电力用户具备三路电源供电条件，其中的两路电源应当来自两个不同的变电站，当任何两路电源发生故障时，第三路电源能保证独立正常供电。

（3）一级重要电力用户具备两路电源供电条件，两路电源应当来自两个不同的变电站，当一路电源发生故障时，另一路电源能保证独立正常供电。

（4）二级重要电力用户具备双回路供电条件，供电电源可以来自同一个变电站的不同母线段。

（5）临时性重要电力用户按照供电负荷重要性，在条件允许情况下，可以通过临时架线等方式具备双回路或两路以上电源供电条件。

9.用电类别

字段释义

根据用户的用电性质来划分，用电类别包括居民生活用电、工商业用电和农业生产用电三大类。详细类别引用国家电网有限公司营销管理代码类集：5110.4（一般设计为标准代码值，代码值对应可选项包含考核、大工业用电、大工业中小化肥、大工业其他优待、居民生活用电、乡村居民生活用电、城镇居民生活用电、中小学教学用电、农业生产用电、农业排灌、贫困县农业排灌用电、一般工商业、非居民照明、非工业、普通工业、普通工业中小化肥、商业用电等）。

校核范围 高压用户、低压非居民用户、低压居民用户。

匹配逻辑

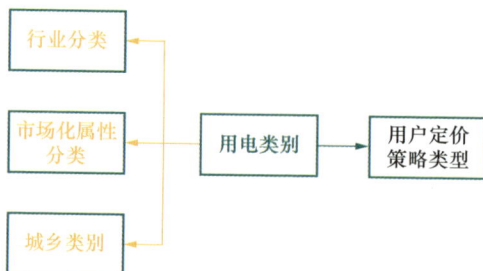

图1-17 用电类别逻辑关系

采录校验

（1）不可为空或非标准代码值。

（2）根据用户实际情况，选择用电类别。

逻辑校验

（1）用电类别高低压属性应与电压等级一致。

（2）用电类别属性应与主计量点的电价行业类别一致。

（3）城镇或乡村属性应与城乡标志匹配。

（4）若一个用户只有一个计量点时，档案的用电类别应与执行电价的用电类别一致。

（5）若用户所有计量点电价存在大工业的，用户的用电类别应为大工业。

10.用户定价策略类型

字段释义

用户定价策略类型指合同约定的客户电价结构（单一制、两部制），用于电费计算及统计。

校核范围　高压用户。

匹配逻辑

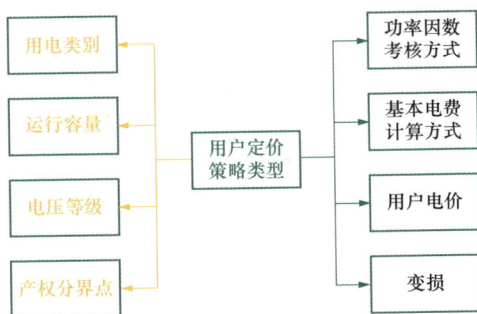

图1-18　用户定价策略类型逻辑关系

采录校验

（1）不可为空或非标准代码值；字符类型，最大长度8个字符。

（2）根据用户实际情况，选择用户定价策略类型。

逻辑校验

（1）执行"两部制"定价策略用户基本电费计收方式不应为"不计收"。（按照本书编制时的政策，部分电动汽车充电设施按照大工业电价计费但是不征收基本电费。）

（2）执行"单一制"定价策略用户基本电费计收方式应为"不计收"。

（3）两部制电价用户合同容量通常不应小于315kVA。

（4）容量达到315kVA的光伏发电用户关联的专变大工业用户应执行大工业电价。

11. 功率因数考核方式

字段释义

由于电动机会产生无功功率，用户有义务按有关标准安装无功补偿设备，防止无功电力倒送。电费中设置了功率因数考核（力调）电费，根据客户每个月功率因数相应增加或减少部分电费，以便调动客户治理无功功率的积极性。功率因数考核方式一般来说，如果没有特殊政策，应按规定选择"不考核""标准考核0.8""标准考核0.85"和"标准考核0.9"。

校核范围
高压用户、低压非居民用户、低压居民用户。

匹配逻辑

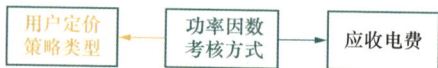

图1-19 功率因数考核方式逻辑关系

采录校验

不可为空、不可为非标准代码值。

逻辑校验

（1）电价码为非工业且运行容量大于100kVA的客户，功率因数考核标准不为0.85。

（2）电价码为普通工业且运行容量100~160kVA的客户，功率因数考核标准不为0.85。

（3）电价码为普通工业且运行容量大于160kVA的客户，功率因数考核标准不为0.9。

（4）运行容量大于等于100kVA，电价码电价类别为农业生产、商业、非居民照明、非工业、普通工业、大工业的客户，功率因数考核方式不应为"不考核"。

（5）运行容量小于100kVA，电价码电价类别为农业生产、商业、非居民照明、非工业、普通工业、大工业的客户功率因数考核方式应为"不考核"。

（6）各省市如有特殊规定应在国家标准基础上执行本地规定。

12. 基本电费计算方式

字段释义

基本电费计算方式指计算基本电费执行的策略、方式，用于电费计算统计。包括按变压器容量计费和按最大需量计费。

校核范围　高压用户。

匹配逻辑

用户定价策略类型　→　基本电费计算方式　→　基本电费金额

图1-20　基本电费计算方式逻辑关系

采录校验

（1）不可为空或非标准代码值；字符类型，最大长度8个字符。

（2）根据用户实际情况，选择基本电费计算方式。一般为标准代码，可选项包括容量、实际最大需量、合约最大需量、容需对比、不计算、容需并存、特殊算法等。

逻辑校验

（1）两部制电价用户的基本电费计算方式不应为空或不计算。

（2）执行合约最大需量的需量核定值不应为空。

（3）近三个抄表结算周期基本电费计算方式发生变更，应至少满一个季度。

13.用户电价

字段释义

用户电价指用户执行的用电价格。按用户用途辅以容量大小，分为居民生活用电、工商业用电以及农业生产用电等大类，分别计价。

校核范围
高压用户、低压非居民用户、低压居民用户。

匹配逻辑

用户定价策略类型 → 用户电价 → 应收电费

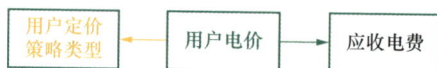

图1-21　用户电价逻辑关系

采录校验

（1）不可为空。

（2）根据用户实际情况，选择用户电价。通常设计为标准编码格式，称为电价码，一般每个计量点对应一个电价码，客户执行何种电价与客户计量方式有关，在用户新装时，一般会在供电方案相应章节中有明确规定。

逻辑校验

（1）计量点上电价码不应为空或不在电价码表中。

（2）计量点分时标志与执行电价中时段应同步。

（3）计量点电价是分时的，对应有功表示数类型不应只有一个示数类型"总"。

（4）计量点电压应在其对应电价的电压范围内。

（5）100kVA及以下的工商业用户，不应执行两部制电价。

（6）运行容量大于315kVA的工业用户，通常不应执行单一制电价。

（7）工商业用户暂停/减容恢复后容量大于等于315kVA，电价应改为两部制电价。

（8）执行两部制电价用户暂停/减容后容量小于100kVA，电价应改为单一制电价。

（9）高耗能淘汰类应执行分时电价。

（10）档案信息中分时电价标志为"是"的，电价应选择分时电价。

14.变损

字段释义

变压器在工作时，本身会消耗一定的电能，这部分消耗的电能一般称为变压器变损，主要包括空载损耗（铁损）和负载损耗（铜损）。

校核范围 高压用户。

匹配逻辑

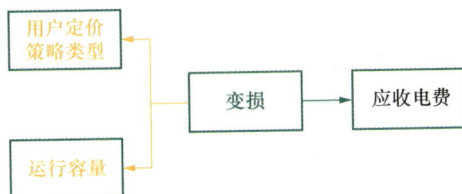

图1-22 变损逻辑关系

采录校验

（1）不可为空；数值类型，有效位数16位。

（2）根据用户实际情况，选择是否计算变损。

逻辑校验

（1）变损不能为负值。

（2）除高供低计计量点外，当期结算电量中不应含变损电量。

（3）上个抄表周期有计划发行，本抄表结算周期内"变损算费天数"不应大于31天。

（4）若运行容量为"0"，本月电能表抄录电量等于"0"，有功变（线）损电量应为"0"；

（5）若运行容量不为"0"，本月电能表抄录电量等于"0"，有功线损电量应为"0"、变损不应为"0"。

15. 计量方式

字段释义

根据用户用电现场情况，在具备安全规定条件下，满足用户电能精准测量要求的计量装置设置点，用于分类统计与供电方案答复等。计量方式按计量装置设置点分为高供高计、高供低计和低供低计。

校核范围
高压用户、低压非居民用户、低压居民用户。

匹配逻辑

图1-23　计量方式逻辑关系

采录校验

（1）不可为空或非标准代码值；字符类型，最大长度8个字符。

（2）根据用户实际情况，选择计量方式。

逻辑校验

（1）低压居民用户计量方式应为低供低计；用户供电电压为高压，主计量点计量方式不应为低供低计。

（2）电能表相线为三相三线对应的计量点不应有低供低计。

（3）非内部考核关口不应为低供低计的计量方式。

（4）计量方式低供低计，计量点电压等级不应为6kV及以上；计量方式是高供高计，计量点电压等级不应为6kV以下。

16. 计量点接线方式

字段释义

计量点接线方式指电网经营企业与电力客户间结算电费的电能计量点接入所属线路的接线方法，包括单相、三相三线、三相四线。

校核范围
高压用户、低压非居民用户、低压居民用户。

匹配逻辑

图1-24　计量点接线方式逻辑关系

采录校验

（1）不可为空或非标准代码值；字符类型，最大长度8个字符。

（2）根据用户实际计量方式，选择计量点接线方式。

逻辑校验

（1）计量点电压等级为220V，计量点接线方式应为单相。

（2）计量点的计量方式为低供低计，计量点接线方式不应为三相三线。

（3）用户供电电压为10kV且其计量点的计量方式为高供低计，计量点接线方式不应为三相三线。

（4）电能计量点计量方式为高供高计，接线方式不应为单相。

17. 综合倍率

字段释义

综合倍率指电能表所匹配互感器的倍率，也称为变比、变流（压）比、电流（压）比。

校核范围　高压用户、低压非居民用户、低压居民用户。

匹配逻辑

图1-25　综合倍率逻辑关系

采录校验

（1）不可为空；数值类型，有效位数10位，小数位2位。

（2）最小为"1"，不可为"0"。

逻辑校验

（1）电能表综合倍率与电能表自身倍率及其所匹配互感器倍率之积应一致。

（2）结算倍率应与最后一次业扩流程中综合倍率一致。

18.负荷性质

字段释义

用电客户对供电可靠性的要求不同，为使供配电系统达到技术上合理和经济上节约，将电力负荷分为三类：一类负荷、二类负荷和三类负荷。

校核范围 高压用户。

匹配逻辑

图1-26 负荷性质逻辑关系

采录校验

（1）不可为空；字符类型，最大长度8个字符。

（2）根据用户实际用电情况，选择负荷性质。

逻辑校验

每个用户只允许一种分类。

19.电源数目

字段释义

受电点的接入电源的数目，引用国家电网有限公司营销管理代码类集：5110.13电源数目分类代码，包括单电源，双电源和多电源。

校核范围 高压用户、低压非居民用户、低压居民用户。

匹配逻辑

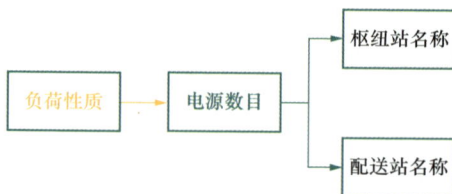

图1-27 电源数目逻辑关系

采录校验

（1）不可为空或非标准代码值；字符类型，最大长度8个字符。

（2）根据用户实际用电情况，选择电源数目。

20.枢纽站名称

字段释义

枢纽站名称指用户供电电源所属变电站名称。

校核范围　高压用户、低压非居民用户、低压居民用户。

匹配逻辑

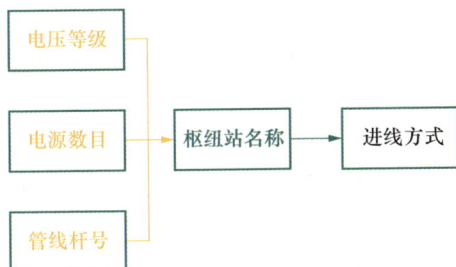

图1-28　枢纽站名称逻辑关系

采录校验

不可为空；字符类型，最大长度256个字符。

逻辑校验

（1）电源所属变电站、线路、台区要有完整的关联关系。

（2）与设备（资产）运维精益管理系统（PMS）一一对应。

21.管线杆号

字段释义

管线杆号指用户受电设备所连接供电线路名称。

校核范围　高压用户、低压非居民用户、低压居民用户。

匹配逻辑

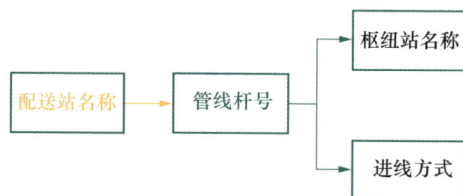

图1-29　管线杆号逻辑关系

采录校验

不可为空；字符类型，最大长度256个字符。

逻辑校验

（1）用户计量点对应线路不能为空值。

（2）电源的线路不能为空。

（3）双电源用户主供电源和备用电源的线路不应为同一条线路。

（4）受电设备的线路不能为空。

（5）电源所属变电站、线路、台区要有完整的关联关系。

（6）与设备（资产）运维精益管理系统（PMS）一一对应。

22.配送站名称

字段释义

配送站名称指供电台区，用户供电电源所属台区名称。

校核范围　　高压用户、低压非居民用户、低压居民用户。

匹配逻辑

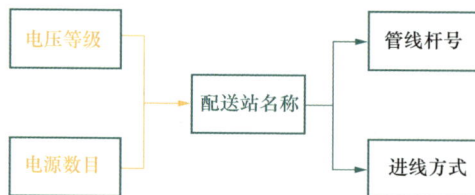

图1-30　配送站名称逻辑关系

采录校验

不可为空；字符类型，长度不超过256个字符。

逻辑校验

（1）用户计量点对应台区不能为空值。

（2）电源的台区不能为空。

（3）受电设备的台区不能为空。

（4）电源所属变电站、线路、台区要有完整的关联关系。

（5）台区与设备（资产）运维精益管理系统（PMS）对应的变压器各类属性（运行状态、容量等）一一对应。

23.进线方式

字段释义

进线方式指用电客户受电设备与供电线路连接的输电方式，包括架空、电缆直埋、电缆架空、电缆桥架、电缆隧道、电缆管井、电缆架空混合等。

校核范围　高压用户、低压非居民用户、低压居民用户。

匹配逻辑

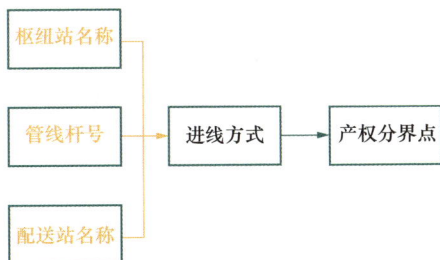

图1-31　进线方式逻辑关系

采录校验

（1）不可为空或非标准代码值；字符类型，最大长度8个字符。

（2）根据用户现场实际情况，选择进线方式。

24.产权分界点

🗨 字段释义

产权分界点是区分电力设施产权归属的基点。主要包括：计量箱出线开关下桩头；公用线路分支杆；接户线用户端最后支持物；开闭所、环网柜、分支箱出线开关下桩头；用户变电站外第一基电杆；用户厂界外第一断路器或第一支持物；用户配电室前的第一断路器或第一支持物；专用线路接引的公用变电站外第一基电杆最后支持物；用户配电室前的第一断路器或第一支持物等。

⊗ 校核范围

高压用户、低压非居民用户、低压居民用户。

⛓ 匹配逻辑

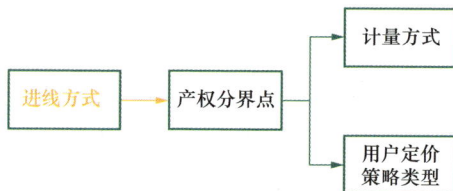

图1-32　产权分界点逻辑关系

✍ 采录校验

（1）不可为空或非标准代码值；字符类型，最大长度256个字符。

（2）根据用户现场情况，选择产权分界点。

25.电源性质

🗨 字段释义

电源性质指电源的性质分类，包括主供电源、备用电源、保安电源。

⊗ 校核范围　高压用户。

⛓ 匹配逻辑

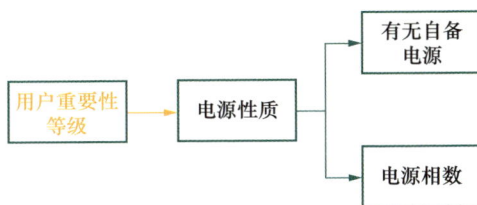

图1-33　电源性质逻辑关系

采录校验

（1）不可为空或非标准代码值；字符类型，最大长度8个字符。

（2）根据用户电源实际情况，选择电源性质。

26.有无自备电源

字段释义

有无自备电源指用户自备电源配置情况，包括无自备电源、有自备电源。

校核范围　高压用户。

匹配逻辑

图1-34　有无自备电源逻辑关系

采录校验

（1）不可为空或非标准代码值；字符类型，最大长度8个字符。

（2）根据用户实际情况，选择有无自备电源。

逻辑校验

有自备电源，自备电源容量不应为"0"。

27.电源相数

字段释义

电源相数指接电源的相数分类，分为单相电源、三相电源。

校核范围 高压用户、低压非居民用户、低压居民用户。

匹配逻辑

电源性质 → 电源相数

图1-35 电源相数逻辑关系

采录校验

（1）不可为空或非标准代码值；字符类型，最大长度8个字符。

（2）根据用户实际情况，选择电源相数。

28.自备电源容量

字段释义

自备电源容量指用户自备电源的总容量。

校核范围 高压用户。

匹配逻辑

有无自备电源 → 自备电源容量

图1-36 自备电源容量逻辑关系

采录校验

（1）不可为空；数值类型，有效位数16位，小数位6位。

（2）根据用户实际情况，录入自备电源容量。

逻辑校验

（1）有自备电源时，自备电源容量不可为空且大于0。

（2）无自备电源时，自备电源容量不应大于0。

29.基本电费金额

字段释义

基本电费金额指用户在结算周期根据基本电费计算方式，通过用电容量（需量）与基本电价核定的应缴金额。属于用户电费信息，存在于用户每个结算周期（一般为1个月）的电费清单中。

⊛ **校核范围**　高压用户。

⚡ **匹配逻辑**

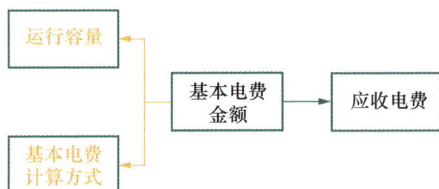

图1-37　基本电费金额逻辑关系

📝 **采录校验**

（1）用户不为两部制电价用户时，基本电费可为空。

（2）该字段为数值型，小数位2位，等于计费容量/需量与基本电费价格的乘积。

📋 **逻辑校验**

标准执行过程中，国家政策规定的行业除外：

（1）当月发行电费为两部制电价用户不可为空（非全容量暂停）。

（2）按需量计算基本电费用户，不应存在执行需量的电能表有计费电量，但无计费需量（为"0"或为空）。

（3）按需量计算基本电费用户，不应存在运行容量为0且计费电量为"0"，计费量值不为"0"。

30.日冻结示数

⊟ **字段释义**

日冻结示数即日冻结电能表示数值，在用电信息采集系统中每日采集的用户日用电示数。

⊛ **校核范围**　高压用户、低压非居民用户，低压居民用户。

匹配逻辑

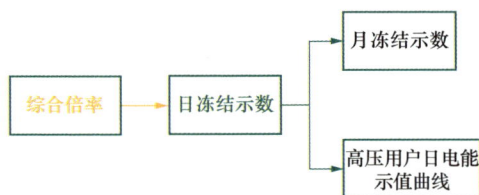

图1-38 日冻结示数逻辑关系

采录校验

不应为空；数值类型，有效位数11位，小数位4位。

逻辑校验

未翻转的电表日冻结示数不能小于前日冻结示数。

31. 月冻结示数

字段释义

用电信息采集系统每个抄表周期采集的用户月冻结示数。

校核范围 高压用户、低压非居民用户、低压居民用户。

匹配逻辑

图1-39 月冻结示数逻辑关系

采录校验

用户计算电费月份当月冻结示数不应为空；数值类型，有效位数11位，小数位4位。

逻辑校验

未翻转的电表月冻结示数不能小于上月月冻结示数。

32.高压用户日电能示值曲线

字段释义

用电信息采集系统每日采集的高压用户示值曲线，用于负荷计算与统计。

校核范围　高压用户。

匹配逻辑

图1-40　高压用户日电能示值曲线逻辑关系

采录校验

不可为空；数值类型，有效位数10位，小数位2位。

逻辑校验

（1）高压用户日电能示值冻结成功数不少于80%。

（2）未翻转的电表日冻结示数不能小于前日冻结示数。

33.总电量

字段释义

总用电量用户每个计费周期消费的总电能数量，包括用户的用电量、变损、线损电量以及依法追/退电量。用户总电量属于用户电费信息，存在于用户每个结算周期（一般为1个月）的电费清单中。

校核范围　高压用户、低压非居民用户，低压居民用户。

匹配逻辑

图1-41　总电量逻辑关系

采录校验

用户每个抄表周期（一般为1个月）均会发行一次总电量和总电费，该字段为数值类型，有效位数16位，可为空。

逻辑校验

（1）若用户本月未计算电费，可为空。

（2）总电量不能大于运行容量×24h×日历数。

（3）不应存在校验拆换表后的旧表电量从未参与过抄表结算且未参与本次抄表结算。

34. 应收电费

字段释义

应收电费指用户在一个计费周期内，承担的电能使用相关费用。属于用户电费信息，存在于用户每个结算周期（一般为1个月）的电费清单中。

校核范围　高压用户、低压非居民用户、低压居民用户。

匹配逻辑

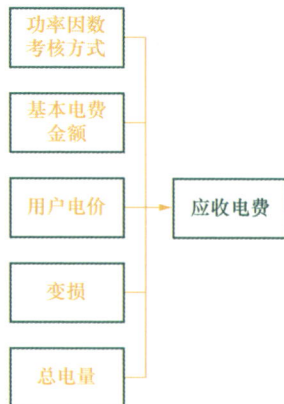

图1-42　应收电费逻辑关系

采录校验

用户每个抄表周期（一般为1个月）均会发行一次总电量和总电费，该字段为数值类型，有效位数18位，小数位2位，可为空。

逻辑校验

（1）若用户本月未计算电费，可为空。

（2）不应存在校验拆换表后的旧表电量从未参与过抄表结算且未参与本次抄表结算。

（3）应收电费不能出现超大额数据，如普通居民用户月电费不能超过10万元。

四、数据合格率

1.用户档案质量合格率

（Σⁿ）**评价公式**

用户档案质量合格率＝1－（产生问题的规则数/规则总数×100%）。

（ⓘ）**评价释义**

根据《营销数据质量标准》，对单个用户基础档案信息，从数据规范性、完整性、准确性、一致性、时效性和可访问性等方面，进行数据在线体检，检验基础档案质量合格率。

（〔〕）**评价范围**　新增用户或因业务变更使档案信息发生变化的用户全量字段。

（⊕）**评价目标**　用户档案质量合格率达到100%。

2.已核查数据质量合格率

（Σⁿ）**评价公式**

已核查数据质量合格率＝居民用户合格率×30%+居住小区合格率×20%+非居民用户合格率×50%。

（ⓘ）**评价释义**

根据《营销数据质量标准》，对居民用户、非居民用户的全量字段进行评价；对居住小区的档案采录完整性进行评价。

（〔〕）**评价范围**　营销系统中各类用户和居住小区。

⊕ 评价目标 字段合格率达到95%。

3.基础数据质量合格率

Σ⁺ₓ 评价公式

基础数据质量合格率=居民用户（核心字段）合格率×30%+非居民用户合格率（核心字段）×50%+居住小区合格率×20%。

ⓘ 评价释义

根据《营销数据质量标准》进行评价，对居民用户的用户名称、用电地址、证件信息、联系人手机号等4个字段、非居民用户的用户名称、用电地址、证件信息、联系人手机号码、产权分界点、枢纽站名称（变电站名称）、管线杆号（线路名称）、配送站名称（台区名称)8个字段；对居住小区的档案采录完整性进行评价。

⟦⟧ 评价范围 营销系统中各类用户和居住小区。

⊕ 评价目标 字段合格率达到99%。

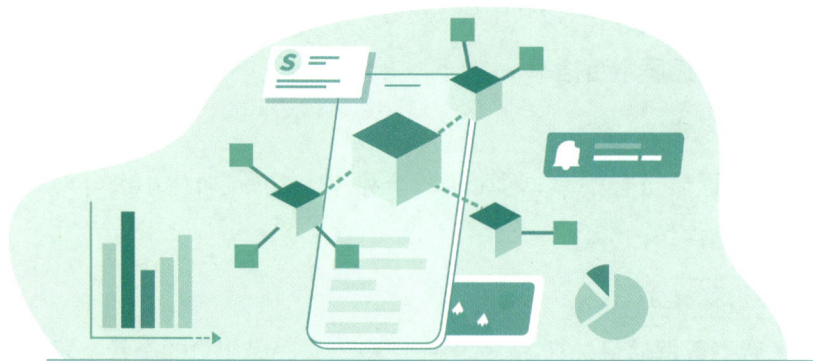

第二章

数据治理案例

一、通用问题

1.联系人手机号码问题治理

◎ 影响范围

营销基础档案信息中联系人手机号码不正确，易发生余额不足通知、电费催缴通知、检修停电通知、95598工单回访、销户退费通知、国网App绑定、新型业务推广不到位、错位等问题，引发用户服务不良感知。

☑ 典型案例

（1）手机号码为空。

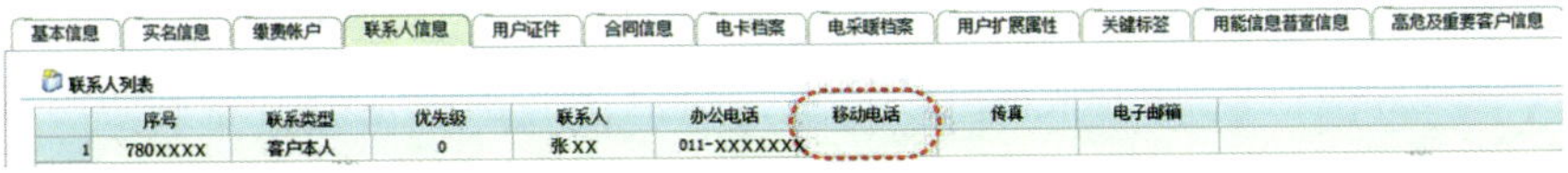

图2-1　手机号码未填写

（2）有效位数不满足11位。

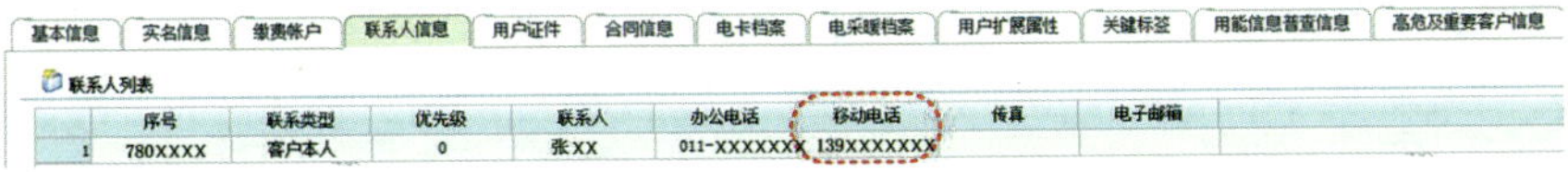

图2-2　手机号码不足11位

（3）不属于运营商通信功能号段。

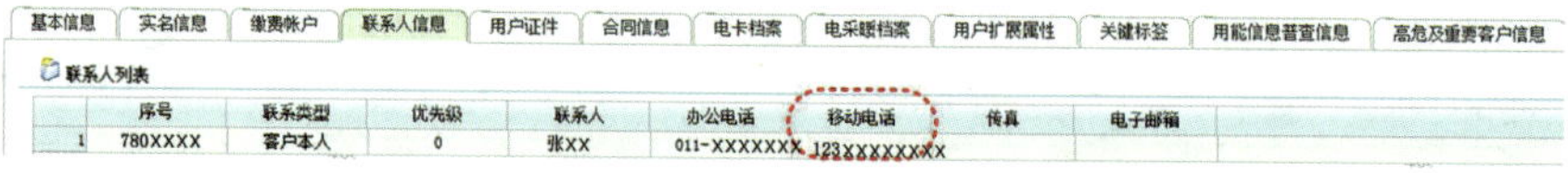

图2-3　手机号码不属于运营商通信功能号段

溯源辨析

（1）用户申请办电过程中，未提供有效联系方式。

（2）用户未及时到供电公司变更联系方式。

（3）业务人员审核资料不细致，导致录入错误。

（4）现场检查不到位，未及时发现用户变更联系方式。

（5）营销业务应用系统无强制校验，导致异常数据未及时提示。

业务管控

（1）在办电流程中嵌入强制、逻辑校验规则。

（2）定期对零散用户（非批量、集团客户）同一联系号码超20户的情况进行甄别。

（3）对于无户主信息的用户，基于网上国网的户主绑定信息数据，获取网上国网的用户信息，回填完善营销系统。

（4）定期批量发送短信验证，对已停机或用户反馈错号等电话缺失情况进行现场核实整改。

（5）通过用户名称、证照信息与第三方渠道开展实名制信息共享，审核后实现联系人手机号动态更新。

2.用电（发电）地址问题治理

影响范围

营销基础档案信息中用电（发电）地址不准确，在开展业扩服务、故障抢修、用电检查、营销稽查、票据邮寄等业务过程中，易发生无法及时到达现场、地址判断错误等服务风险。

典型案例

（1）用电地址不全。

用户编号：	013XXXXXXX	自定义查询号：	
用户名称：	张×××		
用电地址：	内蒙古自治区赤峰市×× 小区		

图2-4　用电地址不全

（2）用电地址不规范（含特殊字符）。

用户编号：	013XXXXXXX	自定义查询号：	
用户名称：	张×××		
用电地址：	内蒙古自治区赤峰市 ×× 小区@		

图2-5　用电地址含特殊字符

（3）用电地址为空。

用户编号：	013XXXXXXX	自定义查询号：	
用户名称：	张×××		
用电地址：			

图2-6　用电地址为空

🔍 **溯源辨析**

（1）用户申请办电过程中，提供的地址不准确、不规范或不完整。

（2）用电地址采录过程中，业务人员录入不规范或不完整。

（3）用户办理变更业务过程中，未及时变更地址。

（4）用户申请办电过程中，录入营业执照或法人住所，非用电地址。

（5）现场检查不到位，对用户的地址变更未及时修正。

（6）营销业务应用系统无强制校验，导致异常数据未及时提示。

⚙ **业务管控**

（1）在办电流程中嵌入强制、逻辑校验规则。

（2）通过用户名称、证照信息匹配第三方地理位置信息，对系统用电地址动态更新。

（3）定期开展现场检查，对用户实际、系统用电地址进行比对校核。

（4）每年6、12月定期查阅国家民政部网站，对接当地民政部门获取行政区划地址变更信息，通过审核确认，将新的行政区划地址编码应用到营销业务系统用户用电地址中。

3.城乡类别问题治理

影响范围

营销基础档案信息中用户城乡类别不正确，在开展故障抢修、用户定价等业务过程中，易发生服务不及时、电费收取错误等服务风险；也会造成城乡电量电费统计错误，使数据分析和下一步工作计划出现偏差。

典型案例

（1）城乡类别与用电地址不符。

用户编号:	013ＸＸＸＸＸＸＸ	自定义查询号:	
用户名称:	张ＸＸ		
用电地址:	内蒙古自治区赤峰市ＸＸ区ＸＸ街道ＸＸ社区居委会ＸＸ小区1号楼1单元502		
用户分类	低压居民	用电类别	城镇居民
行业分类	居民照明	高耗能行业类别	无
供电电压	交流220V	计量方式	低供低计
合同容量(KVA):	12	运行容量(KVA):	12
生产班次	无	区域重要性等级	无
负荷性质	三类	重要性等级	无
立户日期	2022-06-02	送电日期	2022-06-02
销户日期	无	到期日期	2032-06-02
用电标志	非临时用电	临时用电期限	无
城乡类别	农村	市场化属性分类	非市场化
交易方式			

图2-7 城乡类别与用电地址不符

（2）同一用电地址中城乡类别不同。

用户编号	用户地市	城乡类别
013ＸＸＸＸＸＸＸ	内蒙古自治区赤峰市ＸＸ区ＸＸ街道ＸＸ社区居委会ＸＸ小区1号楼1单元502	城市
013ＸＸＸＸＸＸＸ	内蒙古自治区赤峰市ＸＸ区ＸＸ街道ＸＸ社区居委会ＸＸ小区1号楼1单元501	农村

图2-8 同一用电地址中城乡类别不同

溯源辨析

（1）用户申请办电过程中，提供的地址不规范或不完整导致业务人员判断错误。

（2）城乡结合部城乡划分模糊，导致信息采录错误。

（3）在城镇化过程中，农村划入城区，营销业务系统未及时更新。

（4）业务人员审核资料不细致，导致录入错误。

（5）现场检查不到位，对用户的城乡类别变更未及时修正。

（6）营销业务应用系统无强制校验，导致异常数据未及时提示。

业务管控

（1）在办电流程中嵌入自身强制校验规则及逻辑校验规则。

（2）通过用户产权证标注的住所地址与规划部门划定的农村和城市区域进行比较，对明显不符合区域属性的通知用户到供电企业办理相应手续。

（3）定期按照国家民政局发布的地址码与档案中用户用电地址比对，判断城乡类别是否异常。

（4）定期开展现场检查，对用户实际用电地址所处城乡位置和系统城乡类别进行比对校核。

4.行业分类问题治理

影响范围

营销基础档案信息中行业分类不正确，易在用电类别、用户电价设定方面发生偏差，给公司和用户造成经济损失，引发服务风险；也会造成国民行业电量统计误差，使数据分析和下一步工作计划出现偏差。

典型案例

（1）行业分类选择错误。

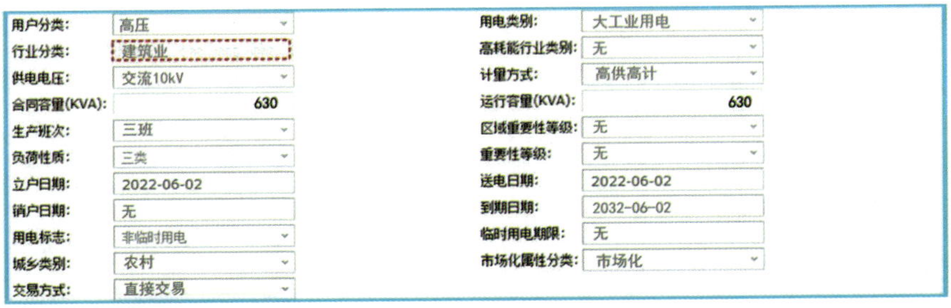

图2-9 行业分类选择错误

（2）行业分类与用电类别不匹配。

图2-10　行业分类与用电类别不匹配

🔍 **溯源辨析**

（1）用户申请办电或业务变更过程中，提供的用电信息不规范。

（2）业务人员对国民行业分类不熟悉，导致选择错误。

（3）用户存在私自改变用电类别等违约用电行为，导致行业分类与实际不符。

（4）营销业务应用系统无强制校验，导致异常数据未及时提示。

（5）现场检查不到位，未及时发现用户用电行业分类与档案行业分类存在偏差。

⚙ **业务管控**

（1）在办电或业务变更流程中嵌入强制、逻辑校验规则。

（2）在办电或业务变更流程的送电环节，业务人员现场确认用电行业。

（3）定期开展现场检查，对用户实际用电行业与档案行业分类进行比对校核。

5.证件信息问题治理

◉ **影响范围**

营销基础档案信息中证件信息不正确，易在政策执行、业扩服务、用电检查、营销稽查、电费回收等业务过程中引发政策落实不到位、服务不规范、责任划分不清等服务风险。

📋 **典型案例**

（1）证件信息为空。

	选择	实名认证类型	证件类型	证件名称	证件号码	证件生效时间	证件失效时间
1	○	户主身份信息	营业执照	内蒙古ＸＸ有限公司			

图2-11　证件信息为空

（2）证件名称与用户名称不一致。

用户编号：　013ＸＸＸＸＸＸＸ　　　　　　　　自定义查询号：
用户名称：　内蒙古ＸＸ有限公司
用电地址：　内蒙古自治区赤峰市ＸＸ区ＸＸ街道45号

	选择	实名认证类型	证件类型	证件名称	证件号码	证件生效时间	证件失效时间
1	○	户主身份信息	营业执照	沈阳ＸＸ有限公司	921ＸＸＸＸＸＸＸＸＸＸＸＸLBQ	2002-07-25	2032-07-25

图2-12　证件名称与用户名称不一致

🔍 **溯源辨析**

（1）用户申请办电和业务变更过程中，提供的证件信息不规范。

（2）用户证件信息变更，未及时到供电公司办理相关业务。

（3）业务人员流程审核不规范，一证受理后，未补全相关证件内容。

（4）营销业务应用系统无强制、逻辑校验，未及时提示异常数据。

（5）现场检查不到位，未及时发现用户证件信息变更。

⚙ **业务管控**

（1）在办电和业务变更流程嵌入强制、逻辑校验规则。

（2）建立与政府相关部门的信息共享机制，定期进行数据比对，异常数据主动联系用户核实并办理变更手续。

（3）定期开展现场检查，对用户证件与档案信息进行比对校核。

6.用户名称问题治理

◎ **影响范围**

营销基础档案信息中用户名称不正确，易在开展政策执行、业扩服务、故障抢修、用电检查、营销稽查、电费回收、增值服务等业务过程中，引发政策落实不到位、服务不规范、责任划分不清等服务风险。

典型案例

（1）用户名称含特殊字符。

用户编号：	0134××××××		自定义查询号：	
用户名称：	张 & X			
用电地址：	内蒙古自治区赤峰市××区××街道××社区居委会××小区1号楼1单元502			

图2-13　用户名称含特殊字符

（2）用户名称与证件名称不一致。

用户编号：	0134××××××		自定义查询号：		
用户名称：	张××				
用电地址：	内蒙古自治区赤峰市××区××街道××社区居委会××小区1号楼1单元502				

	序号	证件类型	证件号码	证件名称	证件生效时间	证件失效时间
1	201××××××××××	居民身份证	130×××××××××017	李××	2002-07-25	2022-07-25

图2-14　用户名称与证件名称不一致

溯源辨析

（1）用户申请办电和业务变更过程中，提供的用户名称不规范，导致业务人员填写错误。

（2）用户证件信息变更，未及时到供电公司办理相关业务。

（3）营销业务应用系统无强制、逻辑校验，异常数据未及时提示。

（4）现场检查不到位，未及时发现用户名称变更。

业务管控

（1）在办电和业务变更环节提示该字段校验规则。

（2）在办电和业务变更流程的录入环节中嵌入自身强制校验规则。

（3）在办电和业务变更流程中嵌入数据质量逻辑校验规则，对填写的用户名称和证件信息进行逻辑校核。

（4）建立与政府相关部门的信息共享机制，定期进行数据比对，异常数据主动联系用户核实并办理变更手续。

（5）定期开展现场检查，对用户证件与档案信息进行比对校核。

7.供电电源信息问题治理

◎ 影响范围

营销基础档案信息中供电电源信息不准确，在开展故障抢修、用电检查、事故认定等业务过程中，易发生供电环境判断错误、抢修不及时、责任划分错误等安全服务风险。

问题形式

（1）供电电源信息不全。

（2）供电容量与合同容量不匹配。

（3）产权分界点描述不规范。

（4）变电站、线路错误。

溯源辨析

（1）用户申请办电和业务变更过程中，提供的供电电源信息不准确，导致业务人员填写错误。

（2）业务人员审核资料不细致，导致录入错误。

（3）用户存在私自更换配电变压器等违约用电行为。

（4）供电公司在进行线路切改等工作时，未将变更信息及时推送至营销业务应用系统。

（5）营销业务应用系统无逻辑校验，导致异常数据未及时提示。

（6）现场检查不到位，未及时发现用户供电电源信息异常。

⚙ 业务管控

（1）在办电和业务变更流程嵌入强制、逻辑校验规则。

（2）及时同步供电电源信息，对营销业务应用系统和GIS系统中供电电源信息进行比对校核。

（3）定期开展现场检查，对用户实际供电电源信息与档案信息进行比对校核。

8.计量点基本信息问题治理

◎ 影响范围

营销基础档案信息中计量点基本信息不准确，易在开展计量方式选择、计量装置配置、政策执行等业务过程中产生差错，引发电费核算服务风险。

问题形式

（1）计量点名称不规范。

（2）计量点状态选择错误，主要表现为计量点状态与实际不符。

（3）接线方式选择错误，主要表现为接线方式与计量方式、计量点级数、电压等级不匹配。

（4）主用途类型选择错误，主要表现为主用途类型与计量点分类、计量点性质不匹配。

（5）计量点装置分类选择错误，主要表现为计量点装置分类与计量点分类、接线方式不匹配。

（6）投运日期填写错误。

溯源辨析

（1）用户申请办电、增容和业务变更过程中，现场勘察人员提供的计量点基本信息不规范，导致业务人员选择错误。

（2）业务人员在业务办理过程中，计量点基本信息选择错误。

（3）用户存在私自更换变压器等违约用电行为。

（4）营销业务应用系统无强制、逻辑校验，异常数据未及时提示。

（5）现场检查不到位，未及时发现用户实际用电信息和计量点基本信息与档案信息存在偏差。

业务管控

（1）在申请办电和业务变更流程的录入环节嵌入强制、逻辑校验规则。

（2）在办电、增容和业务变更流程送电前，业务人员应现场核对用户计量点基本信息。

（3）定期开展现场检查，对用户实际用电信息和计量点基本信息与档案信息进行比对校核。

9.电价信息问题治理

影响范围

营销基础档案信息中电价信息不准确，易发生核算收费差错，导致服务风险。

问题形式

（1）电价码选择错误。

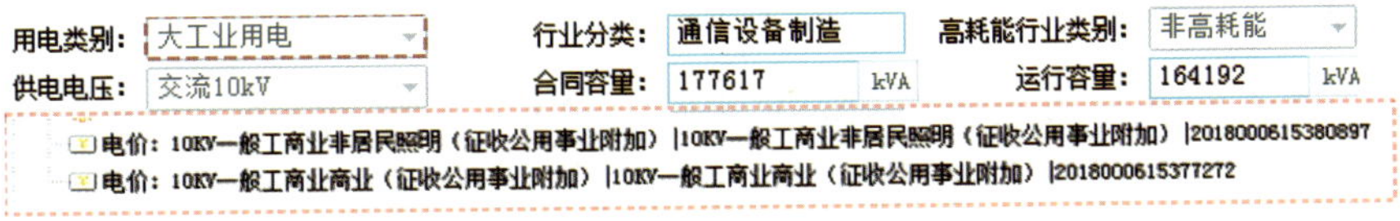

图2-15 电价码与用电类别不匹配

（2）功率因数执行错误。

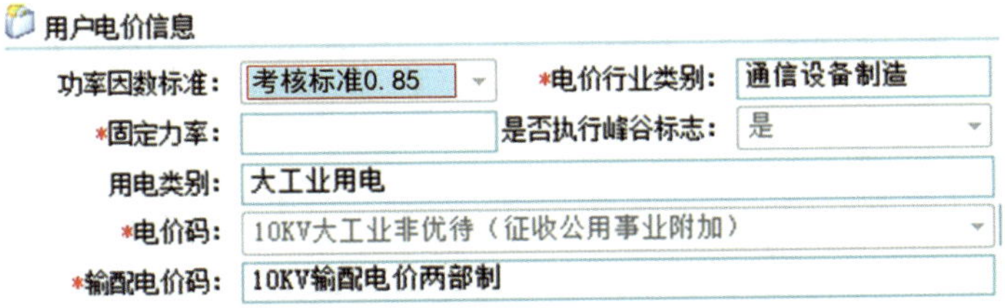

图2-16 功率因数执行标准选择错误

一般来说，100kVA及以上高压供电的用户功率因数为0.90以上，其他电力用户和大、中型电力排灌站功率因数为0.85以上，农业用电功率因数0.80以上。

（3）变损执行错误。

计量点电量

计量点编号	计量点名称	时段	抄见有功电量	抄见无功电量	抄见需量	有功变损	无功变损	有功线损	无功线损
000XXXXXXXX	青松岭商业	平	39216	4868	0	908	3893	0	0
合计			39216	4868	0	908	3893	0	0

电价电费

计量点编号	电价名称	电费类型	时段	级数	结算电量	阶梯递增电量	目录电度电价
000XXXXXXXX	10KV输配电价单一制非...	输配电费	平	1	39216	0	0.1024
000XXXXXXXX	10KV输配电价单一制非...	购电电费	平	1	39216	0	0.4484

图2-17　变损未参与核算

溯源辨析

（1）用户申请办电、增容和业务变更过程中，现场勘察人员提供的用电情况和电价信息不规范，导致业务人员选择错误。

（2）业务人员在业务办理过程中，工作不谨慎，电价信息选择错误。

（3）用户存在私自变更用电性质等违约用电行为。

（4）营销业务应用系统无强制、逻辑校验，异常数据未及时提示。

（5）现场检查不到位，未及时发现用户实际用电性质和档案信息存在偏差。

业务管控

（1）在申请办电、增容和业务变更流程的录入环节嵌入强制、逻辑校验规则。

（2）在办电、增容和业务变更流程送电前，业务人员应现场核对客户用电情况和电价信息。

（3）定期开展现场检查，对用户实际用电情况、电价信息与档案信息进行比对校核。

10.电能表信息问题治理

影响范围

营销基础档案信息中电能表信息不正确，在开展电能表配置、电费核算、用电检查、营销稽查等业务过程中，易发生计量差错、核算差错、窃电误判等服务风险。

🔲 问题形式

（1）资产编号错误，主要表现为电能表资产编号与实际不符。

（2）综合倍率错误，主要表现为系统综合倍率与实际不符。

（3）电能表类型选择错误。

（4）电能表接线方式选择错误，电能表接线方式与型号不匹配。

（5）电能表类别选择错误，电能表类别与型号不匹配。

🔍 溯源辨析

（1）用户申请办电、增容和业务变更过程中，现场勘察人员提供的电能表信息不规范或业务人员电能表信息选择错误。

（2）用户存在擅自更改计量装置等违约用电、窃电行为。

（3）营销业务应用系统无强制、逻辑校验，异常数据未及时提示。

（4）现场检查不到位，未及时发现用户实际电能表信息和档案信息存在偏差。

⚙ 业务管控

（1）在申请办电、增容和业务变更流程的录入环节嵌入强制、逻辑校验规则。

（2）在办电、增容和业务变更流程送电前，业务人员应现场核对用户电能表信息。

（3）定期开展现场检查，对用户实际电能表信息与档案信息进行比对校核。

二、非居民问题

1.供电（并网）电压问题治理

◎ 影响范围

营销基础档案信息中供电（并网）电压不准确，在开展业扩服务、业务变更、用电类别确认、计量方式确定等业务过程中，易发生定价不准确、计量配置错误、电费计算错误等服务风险，也会在故障抢修中产生安全风险。

📖 **典型案例**

（1）供电（并网）电压为空。

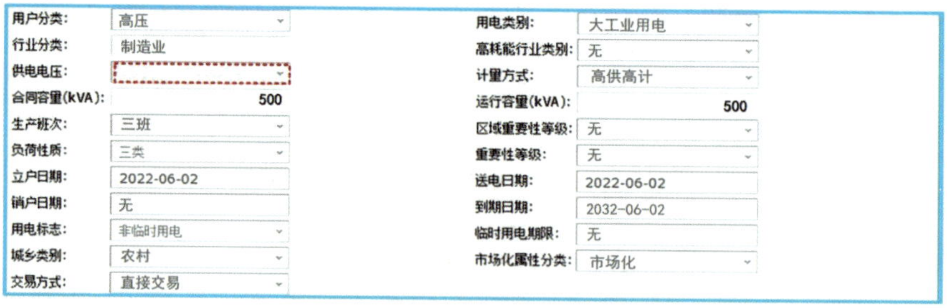

图2-18　供电（并网）电压为空

（2）供电电压与用电类别、计量方式不对应。

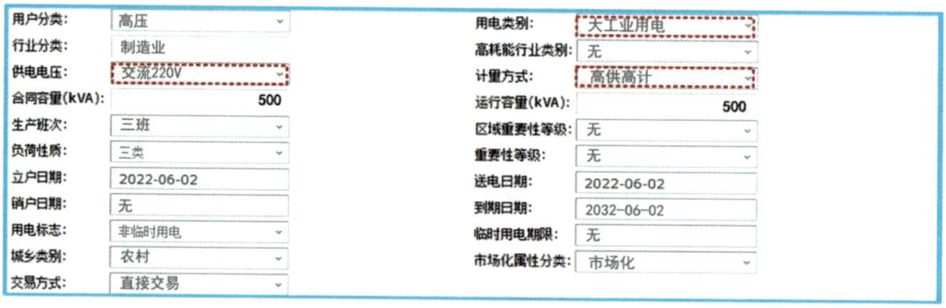

图2-19　供电（并网）电压与用电类别、计量方式不符

🔍 **溯源辨析**

（1）用户申请办电过程中，提供的用电信息不规范导致业务人员选择错误。

（2）用户办理改压业务过程中，系统档案未及时更新。

（3）营销业务应用系统无强制、逻辑校验，导致异常数据未及时提示。

（4）营销业务应用系统通过营配贯通自动更新相关数据导致供电电压不准确。

（5）现场检查不到位，对用户的供电（并网）电压变更未及时修正。

⚙️ **业务管控**

（1）在办电环节提示该字段校验规则。

（2）在办电流程的录入环节中嵌入自身强制校验规则。

（3）在办电流程中嵌入数据质量逻辑校验规则，对采录的用户供电电压和用电类别、计量方式进行校核。

（4）特殊情况需列出。如针对执行大工业电价的充电桩，在系统中需增加可供选择的220V、0.4kV电压选项。

（5）定期进行数据稽查，及时发现漏洞并修正，将CMS用户电源信息推送至PMS系统进行线路挂接时，系统自行校验用户电压等级与线路电压等级是否一致。

（6）定期开展现场检查，对用户实际供电电压与用电类别、计量方式进行比对校核。

2.合同（装机）容量问题治理

影响范围

营销基础档案信息中合同（装机）容量不正确，易发生电压等级、用电类别、定价策略、功率因数考核标准、计量装置配置选择错误，导致电费核算错误等服务风险。

典型案例

（1）合同容量为空。

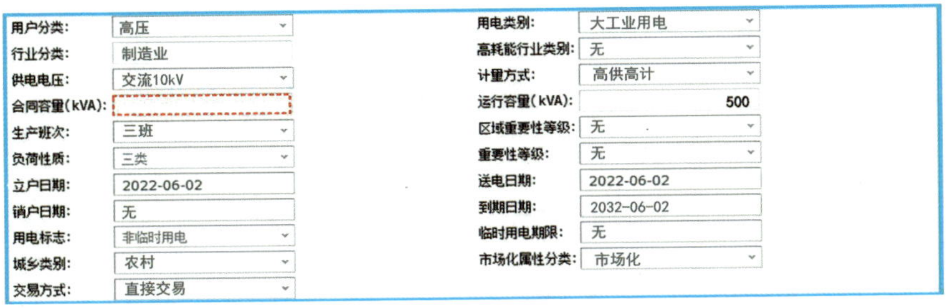

用户分类:	高压	用电类别:	大工业用电
行业分类:	制造业	高耗能行业类别:	无
供电电压:	交流10kV	计量方式:	高供高计
合同容量(kVA):		运行容量(kVA):	500
生产班次:	三班	区域重要性等级:	无
负荷性质:	三类	重要性等级:	无
立户日期:	2022-06-02	送电日期:	2022-06-02
销户日期:	无	到期日期:	2032-06-02
用电标志:	非临时用电	临时用电期限:	无
城乡类别:	农村	市场化属性分类:	市场化
交易方式:	直接交易		

图2-20　合同容量为空

（2）合同容量与实际运行容量不符。

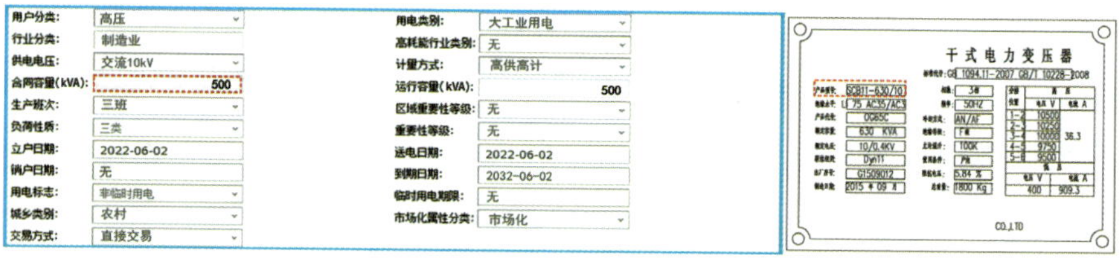

图2-21 合同容量与实际运行容量不符

（3）合同容量小于运行容量。

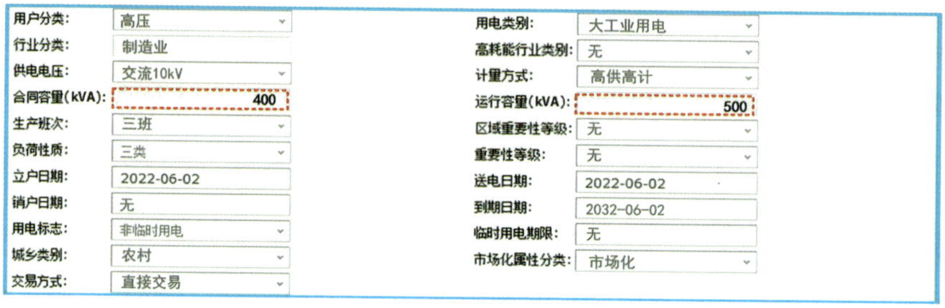

图2-22 合同容量小于运行容量

（4）合同容量与用电类别不匹配。

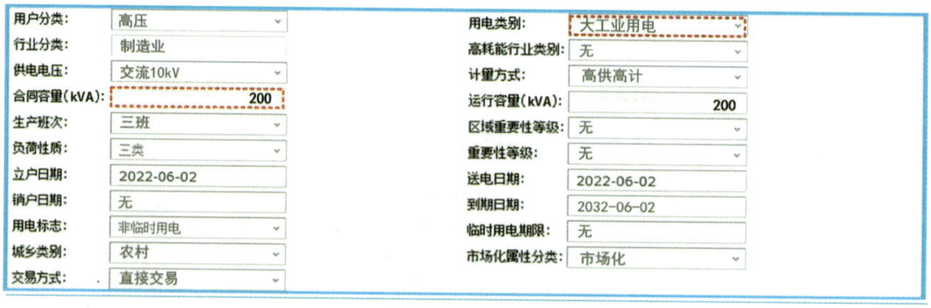

图2-23 合同容量与用电类别不匹配

（5）合同容量与供电电压不匹配。

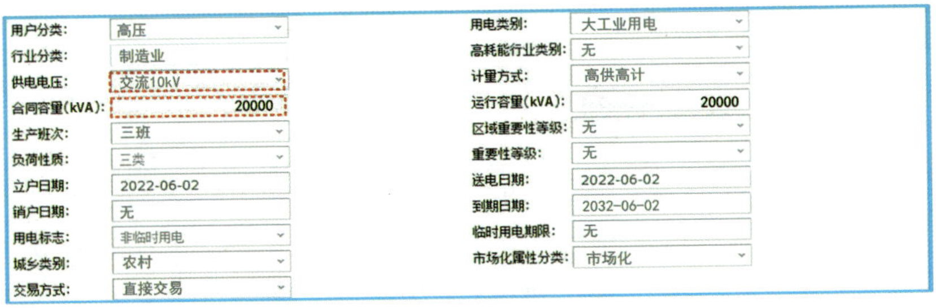

图2-24　合同容量与供电电压不匹配

溯源辨析

（1）用户申请办电、增容和业务变更过程中，提供的用电信息不规范导致业务人员填写错误。

（2）业务人员审核资料不细致，导致录入错误。

（3）用户存在私自更换变压器等违约用电行为。

（4）营销业务应用系统无强制、逻辑校验，导致异常数据未及时提示。

（5）现场检查不到位，未及时发现用户实际用电容量与合同容量存在偏差。

业务管控

（1）在办电环节提示该字段校验规则。

（2）在办电流程的录入环节中嵌入自身强制校验规则。

（3）在办电流程中嵌入数据质量逻辑校验规则，对采集的用户合同容量和用电类别、运行容量、供电电压、功率因数考核标准进行逻辑校核。

（4）在办电流程送电前，业务人员应现场核对配电变压器容量。

（5）定期开展现场检查，对用户实际用电容量与档案合同容量进行比对校核。

（6）加强电量电费核算管理，及时审核新装和容量变更后首次电量计算。

3.运行容量问题治理

影响范围

营销基础档案信息中运行容量不正确，易在定价策略、功率因数考核标准、计量装置配置、变损计算、超容用电判定、用电类别等方面发生偏差，给公司和用户造成经济损失，引发服务风险。

📖 **典型案例**

（1）运行容量与实际用电容量不符。

图2-25 运行容量小于实际用电容量

（2）运行容量大于合同容量。

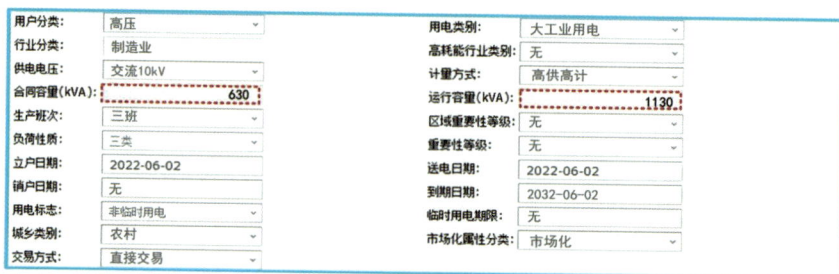

图2-26 运行容量大于合同容量

（3）运行容量与用电类别不匹配。

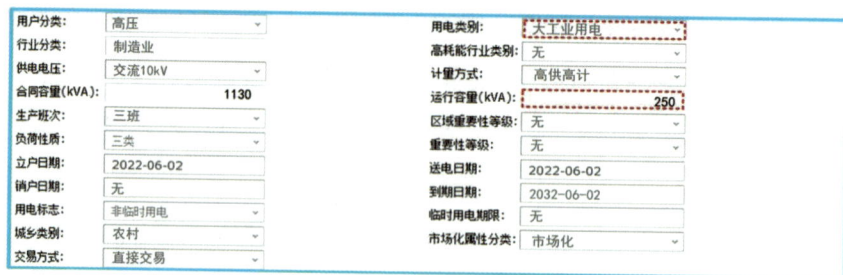

图2-27 运行容量与用电类别不匹配

🔍 **溯源辨析**

（1）用户申请业务变更过程中，提供的用电信息不规范导致业务人员填写错误。

（2）业务人员审核资料不细致，导致录入错误。

（3）用户存在私自更换变压器等违约用电行为。

（4）低压用户增加用电设备后，未及时到供电公司办理增容。

（5）用户存在私自启用暂停、减容的用电设备等违约用电行为。

（6）营销业务应用系统无强制、逻辑校验，导致异常数据未及时提示。

（7）现场检查不到位，未及时发现用户实际用电容量与运行容量存在偏差。

⚙ 业务管控

（1）在业务变更环节提示该字段校验规则。

（2）在业务变更流程的录入环节中嵌入自身强制校验规则。

（3）在业务变更流程中嵌入数据质量逻辑校验规则，对采录的用户运行容量和用电类别、合同容量、功率因数考核标准进行逻辑校核。

（4）在业务变更流程送电前，业务人员应现场核对用户用电设备容量。

（5）定期开展现场检查，对用户实际用电容量与档案运行容量进行比对校核。

4.增值税信息问题治理

◎ 影响范围

营销基础档案信息中增值税信息不准确，易造成增值税发票开具错误，引发企业信息与税务局备案信息不符、发票认证失败等服务风险。

📑 典型案例

（1）增值税信息填写不规范。

增值税号：	941XXXXXXXXXXX765	增值税名：	铸城ＸＸＸＸ有限公司	增值税电话：	010-56789100
增值账号：		生效标志：	--请选择--		
增值税银行：		注册地址：	北京市ＸＸ区ＸＸ路35号		

图2-28　增值税信息填写不规范

说明：增值税号、增值账号、增值税电话、增值税银行、注册地址等信息错填、漏填。

（2）增值税名称与用户名称不一致。

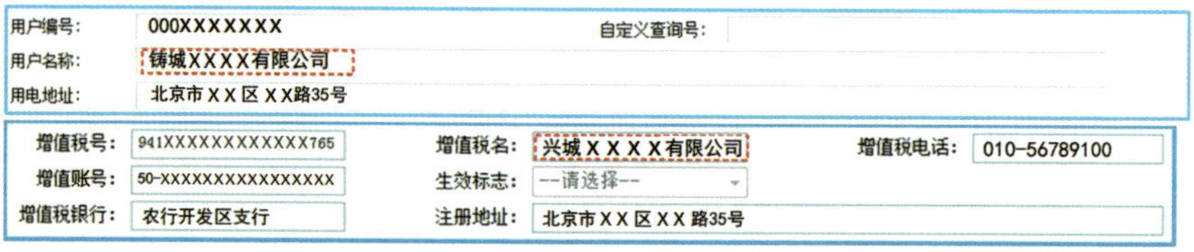

图2-29 增值税名称与用户名称不一致

🔍 **溯源辨析**

（1）用户申请办电和业务变更过程中，提供的增值税信息不规范，导致业务人员填写错误。

（2）用户增值税信息变更，未及时到供电公司办理相关业务，导致增值税信息不准确。

（3）业务人员录入资料不细致，导致增值税信息录入错误。

（4）营销业务应用系统无强制、逻辑校验，导致异常数据未及时提示。

（5）现场检查不到位，未及时发现用户增值税信息变更。

⚙️ **业务管控**

（1）在办电和业务变更环节提示该字段校验规则。

（2）在办电和业务变更流程的录入环节中嵌入自身强制校验规则。

（3）在办电和业务变更流程中嵌入数据质量逻辑校验规则，对选择的增值税信息和用户名称进行逻辑校核。

（4）在用户申请增值税开票时对该信息进行重点提示、校核，确保与营销业务应用系统用户名称一致。

（5）建立与税务部门的信息共享机制，定期进行数据比对，异常数据主动联系用户核实并办理变更手续。

（6）定期开展现场检查，对用户增值税信息与档案信息进行比对校核。

5.受电点类型问题治理

⚙️ **影响范围**

营销基础档案信息受电点类型不正确，易在开展业扩报装、用电变更、故障抢修、用电检查等业务过程中，引发服务不规范、责任划分不清等服务风险，也会因用户设备供电环境判断错误，引发安全服务风险。

问题形式

（1）受电点类型未选择。

（2）受电点类型选择错误。

溯源辨析

（1）用户申请办电和业务变更过程中，提供的用电设备信息不规范，导致业务人员选择错误。

（2）业务人员审核资料不细致，导致选择错误。

（3）营销业务应用系统无逻辑校验，导致异常数据未及时提示。

（4）现场检查不到位，未及时发现用户受电点类型异常。

业务管控

（1）在办电和业务变更流程中嵌入数据质量逻辑校验规则，对选择的受电点类型和用户分类进行逻辑校核。

（2）定期开展现场检查，对用户实际受电点信息与档案信息进行比对校核。

6.电源数目问题治理

影响范围

营销基础档案信息中电源数目不准确，在开展政策执行、业扩服务、故障抢修、用电检查、营销稽查、电费核算、营业收费等业务过程中，易发生供电环境判断错误、费用核算错误等服务风险。

问题形式

（1）电源数目未选择。

| 受电点名称： | 王ＸＸ | 受电点类型： | 变电站 | 电源联锁方式： | 机械 |
| 电源联锁装置位置： | | 电源切换方式： | 一请选 | 电源数目： | |

图2-30　电源数目未选择

（2）电源数目选择错误。

图2-31　电源数目与用户实际不对应

🔍 **溯源辨析**

（1）用户申请办电和业务变更过程中，提供的电源信息不准确，导致业务人员选择错误。

（2）业务人员审核资料不细致，导致选择错误。

（3）营销业务应用系统无逻辑校验，导致异常数据未及时提示。

（4）现场检查不到位，未及时发现用户受电点类型异常。

⚙ **业务管控**

（1）在办电和业务变更流程中嵌入数据质量逻辑校验规则，对选择的电源数目和电源性质进行逻辑校核。

（2）定期开展现场检查，对用户实际电源数目信息与档案信息进行比对校核。

7.自备电源信息问题治理

◎ **影响范围**

营销基础档案信息中自备电源信息不准确，在开展故障抢修、用电检查等业务过程中，易发生供电环境判断错误、应急响应延误等安全服务风险。

📋 **问题形式**

（1）自备电源信息不全。

（2）自备电源信息与现场不符。

🔍 **溯源辨析**

（1）用户申请办电和业务变更过程中，提供的自备电源信息不准确，导致业务人员填写错误。

（2）用户增加自备电源设备后未向供电公司报备。

（3）用户增加自备电源设备容量后未到供电公司变更。

（4）营销业务应用系统无逻辑校验，导致异常数据未及时提示。

（5）现场检查不到位，未及时发现用户自备电源信息异常。

业务管控

（1）在办电和业务变更流程中嵌入数据质量逻辑校验规则，对自备电源信息进行逻辑校核。

（2）定期开展现场检查，对用户实际自备电源信息与档案信息进行比对校核。

8.受电设备信息问题治理

影响范围

营销基础档案信息中受电设备信息不准确，在开展用电类别判定、定价策略设置、功率因数考核标准执行、计量装置配置、电价执行等业务中，易发生电费核算错误服务风险。

问题形式

（1）档案运行状态与实际不符。

（2）档案运行状态与变更容量不匹配。

（3）档案铭牌容量与实际不符。

（4）档案设备型号与实际不符。

溯源辨析

（1）用户申请办电、增容和业务变更过程中，提供的受电设备信息不规范，导致业务人员填写错误。

（2）业务人员在业务办理过程中，工作不谨慎，没有更新受电设备信息。

（3）用户存在私自更换变压器等违约用电行为。

（4）营销业务应用系统无强制、逻辑校验，导致异常数据未及时提示。

（5）现场检查不到位，未及时发现用户实际用电设备容量与档案铭牌容量存在偏差。

业务管控

（1）在申请办电、增容和业务变更流程的录入环节中嵌入受电设备信息字段强制校验规则。

（2）在申请办电、增容和业务变更流程中嵌入数据质量逻辑校验规则，对采录的用户铭牌容量和运行容量、用电类别、合同容量、功率因数等考核标准进行逻辑校核。

（3）在办电、增容和业务变更流程送电前，业务人员应现场核对用户用电设备容量。

（4）定期开展现场检查，对用户实际用电容量与档案受电设备信息进行比对校核。

9.定价策略类型问题治理

影响范围

营销基础档案信息中定价策略类型不准确，易发生电费核算错误服务风险。

问题形式

（1）定价策略类型选择错误。

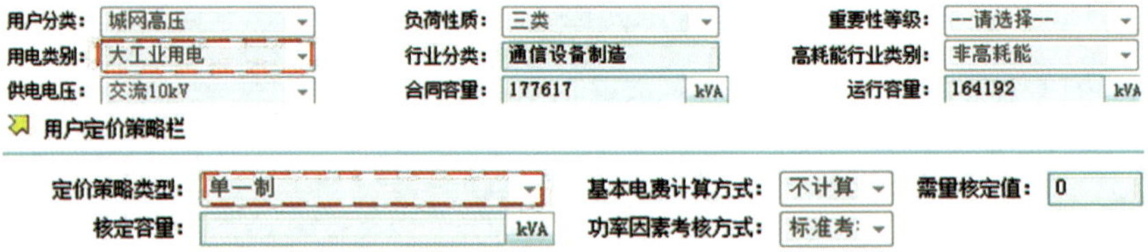

图2-32　定价策略类型与用电类别不匹配

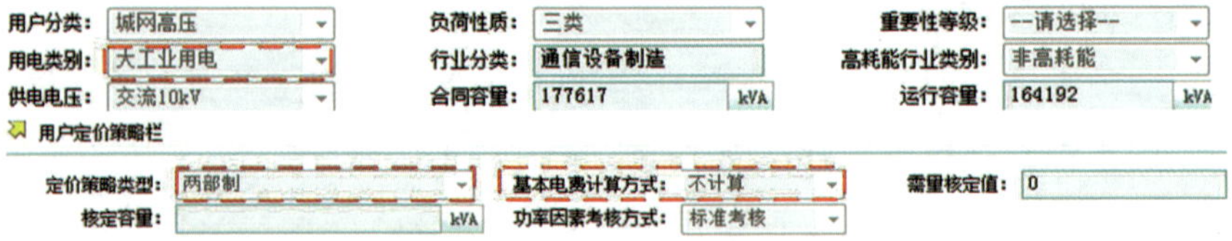

图2-33　定价策略类型与基本电费计算方式不匹配

（2）定价策略信息填写不完整。

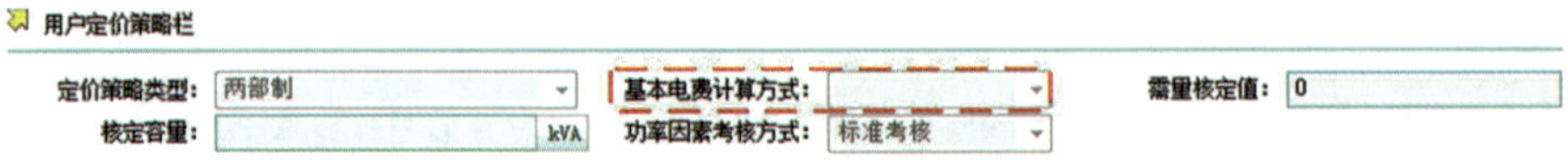

图2-34　定价策略信息填写不完整

🔍 **溯源辨析**

（1）用户申请办电、增容和业务变更过程中，提供的用电信息不规范，导致业务人员选择错误。

（2）业务人员在业务办理过程中，工作不谨慎，定价策略类型选择错误。

（3）用户存在私自更换变压器等违约用电行为。

（4）营销业务应用系统无强制、逻辑校验，导致异常数据未及时提示。

（5）现场检查不到位，未及时发现用户实际用电情况与档案信息存在偏差。

⚙️ **业务管控**

（1）在申请办电、增容和业务变更流程的录入环节中嵌入定价策略信息强制校验规则。

（2）在申请办电、增容和业务变更流程中嵌入数据质量逻辑校验规则，对选择的定价策略信息和用电类别、基本电费计算方式进行逻辑校核。

（3）在办电、增容和业务变更流程送电前，业务人员应现场核对用户用电信息。

（4）定期开展现场检查，对用户实际用电信息与档案定价策略信息进行比对校核。

10. 互感器信息问题治理

◎ **影响范围**

营销基础档案信息中互感器信息不正确，在开展互感器配置、电费核算、用电检查、营销稽查等业务过程中，易发生配置不合理、计量差错、核算差错、窃电误判等服务风险。

📋 **典型案例**

（1）资产编号错误。

（2）互感器与用电设备容量不匹配。

（3）资产类型选择错误。

（4）匝数错误。

🔍 溯源辨析

（1）用户申请办电、增容和业务变更过程中，现场勘察人员提供的互感器信息不规范，导致业务人员选择错误。

（2）业务人员在业务办理过程中，工作不谨慎，互感器信息选择错误。

（3）用户存在私自更换变压器、擅自变更计量装置等违约用电、窃电行为。

（4）营销业务应用系统无强制、逻辑校验，导致异常数据未及时提示。

（5）现场检查不到位，未及时发现用户实际电能表信息和档案信息存在偏差。

⚙️ 业务管控

（1）在申请办电、增容和业务变更流程的录入环节增加互感器信息提示。

（2）在申请办电、增容和业务变更流程的录入环节中嵌入互感器信息强制校验规则。

（3）在申请办电、增容和业务变更流程中嵌入数据质量逻辑校验规则，对选择的互感器信息进行逻辑校核。

（4）在办电、增容和业务变更流程送电前，业务人员应现场核对用户互感器信息。

（5）定期开展现场检查，对用户实际互感器信息与档案信息进行比对校核。

三、居住区问题

1.小区名称问题治理

⚙️ 影响范围

营销基础档案信息中居民小区名称不正确，易造成小区选择错误、不能为用户提供增值服务、引起电力用户投诉等客户服务风险。

📋 典型案例

（1）居住小区档案中小区名称与实际名称不符。

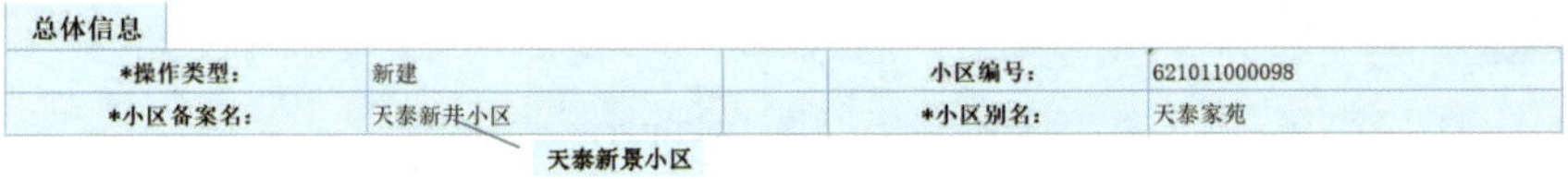

总体信息			
*操作类型:	新建	小区编号:	621011000098
*小区备案名:	天泰新井小区	*小区别名:	天泰家苑

天泰新景小区

图2-35 小区名称与实际名称不符

（2）居住小区档案中小区名称不全。

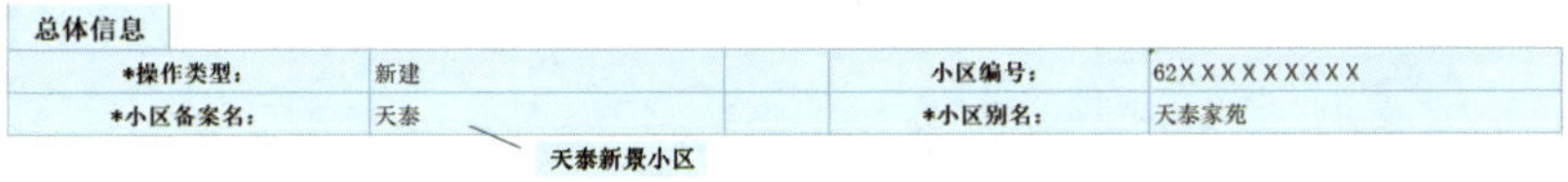

总体信息			
*操作类型:	新建	小区编号:	62XXXXXXXX
*小区备案名:	天泰	*小区别名:	天泰家苑

天泰新景小区

图2-36 小区名称不全

🔍 溯源辨析

（1）老旧小区因无人管理，物业公司接收后未办理过户和更名手续。

（2）新建小区配电设施是由之前的建设方投资，小区建成后建设方无偿移交给物业公司，未到供电公司办理过户更名手续。

（3）新建小区建档立户时，未提供正确的小区名称。

（4）居住小区名称变更后未及时告知供电公司。

（5）业务人员审核资料不细致，导致小区名称录入不全或错误。

（6）营销系统无前置校验，导致异常数据未及时预警提示。

⚙ 业务管控

（1）在业务受理环节与用户进行确认，并仔细校核。

（2）在业务流程录入环节进行事中校验，并在系统（小区名称）增加不能存在相同小区名称的校验规则。

（3）加强档案核查工作，对辖区内居民区用户建立台账信息。

（4）定期开展现场检查，及时更新档案缺失和错误问题。

2.小区地址问题治理

◎ 影响范围

居住小区营销基础档案信息中小区地址不正确，易造成小区档案地址不精确、地址错误等问题，引发现场检查人员导航路线错误、增值服务偏差等服务风险。

典型案例

（1）居住小区档案中小区地址与实际地址不符。

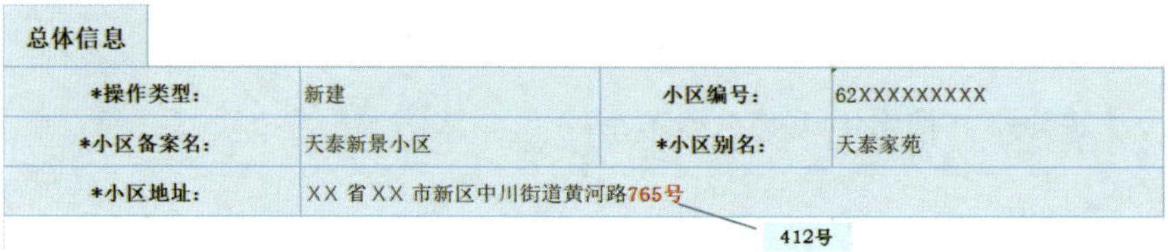

总体信息			
*操作类型：	新建	小区编号：	62XXXXXXXXX
*小区备案名：	天泰新景小区	*小区别名：	天泰家苑
*小区地址：	XX 省XX 市新区中川街道黄河路765号		

412号

图2-37　小区地址与实际不符

（2）居住小区档案中小区地址不全。

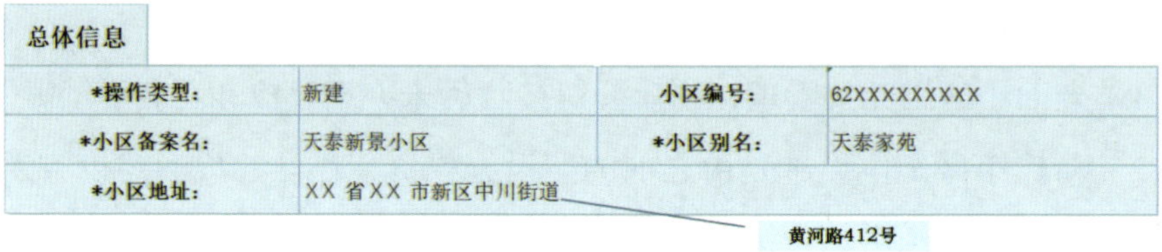

总体信息			
*操作类型：	新建	小区编号：	62XXXXXXXXX
*小区备案名：	天泰新景小区	*小区别名：	天泰家苑
*小区地址：	XX 省XX 市新区中川街道		

黄河路412号

图2-38　小区地址不全

溯源辨析

（1）居住小区建档立户时，未提供正确的小区地址。

（2）业务人员审核资料不细致，导致地址录入不全或错误。

（3）地方政府行政区划变更，供电企业未及时更新。

业务管控

（1）在业务受理环节与用户进行确认，并仔细校核。

（2）在业务流程录入环节进行事中校验，并在系统小区地址增加不同居住小区不能存在同一地址的校验规则。

（3）定期开展现场检查，及时更新档案缺失和错误问题。

（4）定期根据政府行政区划变更及时更新系统地址库。

3.小区类型问题治理

影响范围

居住小区营销基础档案信息中小区类型不准确，会造成划分小区供电资产分界点、确定小区供电重要性、小区是否需配备自备（保安）电源等数据分析和下一步工作方向的制定造成错误指引，引发客户服务风险。

典型案例

居住小区档案中小区类型选择错误。

居住区总体信息			
小区备案名：	天泰新景小区		
小区别名：	天泰家苑		
用电地址：	XX省XX市新区XX街道XX路412号		
小区送电年份：	2009-09-08	小区类型：	公变供电小区
公变供电居民客户数：	0	公变供电非居民客户数：	0
专变转供电终端居民用户数：	360	专变转供电终端非居民用户数：	30
配电设施是否移交供电公司：	否	高压供配电设施运维主体：	客户
低压供配电设施运维主体：	客户	小区是否有高层建筑：	否
是否有物业：	是	物业全称：	XX物业管理有限公司

图2-39　小区类型选择错误

溯源辨析

（1）现场勘查环节未确定小区供电类型，导致业务人员判断错误。

（2）业务人员对小区类型定义模糊，导致标签选择错误。

（3）业务人员维护档案时不细致，导致录入错误。

业务管控

（1）在用户立户环节，对小区类型进行重点提示，并进行事前告知。

（2）对房产证、产权证标注的用电地址分析，与小区开发商、物业公司沟通确定，对明显不符合小区类型的，通知用户到供电企业办理相应手续。

（3）要求工作人员对用户现场勘察工作仔细认真，系统推送到工作人员的掌上终端现场勘察信息，要有明确的"是否有小区""小区类型"等标签。

4.属性标签问题治理

影响范围

居住小区营销基础档案信息中属性标签选择错误，导致数据统计错误、小区增值服务不到位，引发供电服务风险和工作计划制定偏差。

📑 **典型案例**

（1）居住小区档案中属性标签为空。

属性标签信息	
标签类型	变更说明

图2-40　属性标签为空

（2）居住小区档案中属性标签存在矛盾。

属性标签信息	
标签类型	变更说明
商品房	新增
保障性住房	新增
拆迁安置性住房	新增

图2-41　属性标签存在矛盾

🔍 **溯源辨析**

（1）在小区普查建档过程中，小区管理单位提供的属性标签错误。

（2）现场勘察环节未确定小区属性标签，导致业务人员判断错误。

（3）业务人员对小区属性标签不确定，导致标签选择错误。

（4）业务人员维护档案时不细致，导致录入错误。

⚙ **业务管控**

（1）在业务受理环节与用户进行确认，并仔细校核。

（2）在业务流程录入环节进行事中校验，并在系统属性标签增加不能存在矛盾的校验规则，如保障性住房不能是商品房。

（3）结合用电检查、计量消缺、现场停复电等现场工作开展现场复核，并对属性标签进行核对和完善。

5.联系信息问题治理

⊚ **影响范围**

居住小区营销基础档案信息中联系信息不正确，易发生检修停电通知、业务告知、信息公开、增值服务推广不到位等问题，引发供电服务不准确、不规范等服务风险。

📋 **典型案例**

（1）居住小区档案中不同联系人对应联系电话重复。

联系人信息

联系类型	联系人	联系电话	联系优先级	是否有效	变更说明
物业联系人	李四	187XXXXX946	1	是	新增
社区网格员	张三	187XXXXX946	2	是	新增

图2-42　不同用户对应联系电话重复

（2）居住小区档案中联系电话为非标准号段。

联系人信息

联系类型	联系人	联系电话	联系优先级	是否有效	变更说明
物业联系人	李四	123XXXXX910	1	是	新增
社区网格员	张三	187XXXXX946	2	是	新增

图2-43　联系电话为非标准字段

🔍 **溯源辨析**

（1）在小区普查建档过程中，小区管理单位提供的联系方式错误。

（2）用户变更联系方式未及时到营业厅办理变更。

（3）业务人员维护档案时不细致，导致录入错误。

⚙ **业务管控**

（1）在业务受理环节与用户进行确认，并进行事前告知。

（2）在业务流程录入环节进行事中校验，并在系统中增加联系方式不能为空、联系方式必须为11位的校验规则。

（3）依托通信运营商第三方数据和网上国网App定期对用户姓名、电话、身份证等信息开展比对校核。

6.高层住宅信息问题治理

◎ **影响范围**

居住小区营销基础档案信息中高层住宅信息不正确，易发生系统内高层数据统计错误，影响故障停电时报备信息的准确度，导致应急电源未及时支援等服务风险。

▣ **典型案例**

（1）居住小区档案中高层信息与实际不符。

图2-44 居住区无高层但系统录入为有

（2）居住小区档案中高层建筑信息未填写。

图2-45 系统未录入高层建筑具体信息

（3）居住小区档案中高层建筑类型选择错误。

<table>
<tr><td colspan="4">居住区总体信息</td><td rowspan="8">现场为12层住宅楼</td></tr>
</table>

居住区总体信息			
小区备案名：	天泰新景小区		
小区别名：	天泰家苑		
用电地址：	xx省xx市新区 xx 街道 xx 路412号		
小区送电年份：	2009-09-08	小区类型：	公变供电小区
公变供电居民客户数：	0	公变供电非居民客户数：	0
专变转供电终端居民用户数：	360	专变转供电终端非居民用户数：	30
配电设施是否交移供电公司：	否	高压供配电设施运维主体：	客户
低压供配电设施运维主体：	客户	小区是否有高层建筑：	是
是否有物业：	是	物业全称：	xx 物业管理有限公司

居住区高层建筑信息			
高层建筑类型	公变幢数	公变客户数	专变幢数	专变客户数
超高层建筑	0	0	8	390

图2-46　居住小区高层建筑类型选择错误

溯源辨析

（1）居住区建档时，未认真核实是否有高层建筑。

（2）业务人员不清楚不同类型的高层建筑定义，导致选择错误。

（3）业务人员审核资料不细致，导致录入错误或漏录关键信息。

（4）营销系统无前置校验，导致异常数据未及时预警提示。

业务管控

（1）在建档环节对该字段进行重点提示和为空校验，并进行事前告知。

（2）在添加高层建筑信息时，"公变栋数""公变客户数"与"专变栋数""专变客户数"不能存在都为空值的情况，加校验规则。

（3）将不同建筑类型的释义添加到选项中，作为提示信息，便于业务录入人员及时分辨。例如：高层建筑指建筑高度大于27米的居住类建筑，其中建筑高度大于27米但不大于54米的居住类建筑为二类高层住宅；建筑高度大于54米但小于100米的居住类建筑为一类高层住宅，建筑高度大于100米及以上的居住类建筑为超高层建筑。

7.供电电源信息问题治理

影响范围

居住小区营销基础档案信息中供电电源信息不正确，易发生停电信息不正确、线路运维界面混乱、线路运维方式错误、应急处置不当等运维风险。

典型案例

（1）居住小区档案中供电电源信息为空。

（2）居住小区档案中供电线路与实际不符。

（3）居住小区档案中供电电源信息不规范。

溯源辨析

（1）居住小区建档立户时未到现场了解供电电源信息。

（2）运维人员素质不足，运维人员审核资料不细致，导致录入错误。

（3）营销系统无前置校验，导致异常数据未及时预警提示。

（4）日常检查过程中，未对小区的供电线路、自备电源进行详细检查。

（5）居住小区管理单位安装自备电源后，未及时将信息补录进营销系统内。

业务管控

（1）在居住小区建档环节对相关字段进行重点提示，并进行事前告知。

（2）在业务流程的录入环节中嵌入数据校验规则进行事中校验。

（3）居住小区供电电源信息与其所属台区用户线路做强制校验或智能匹配功能，增加提供现场图片作为判定支撑，避免因人为原因导致供电线路信息录入错误。

8. 供配电站房信息问题治理

影响范围

居住小区营销基础档案信息中供配电站房信息不正确，易发生设备巡视不到位，小区站房消防、防汛等基础设施隐患排查不到位，设备检修通道不畅等运维风险。

典型案例

（1）居住小区档案中站房类型与实际不符。

（2）居住小区档案中站房名称不详细。

（3）居住小区档案中站房位置与实际不符。

（4）居住小区档案中站房变压器数量与实际不符。

🔍 **溯源辨析**

（1）居住小区建档立户时未到现场了解站房实际情况。

（2）营销系统无前置校验，导致异常数据未及时预警提示。

（3）工作人员审核资料不细致，导致录入错误。

（4）工作人员业务不熟练，对于小区站房类型、命名方式不清晰。

（5）工作人员巡视巡检后未及时更新站房环境情况。

⚙ **业务管控**

（1）在小区建档环节对相关字段进行重点提示，并进行事前告知。

（2）在业务流程的录入环节中嵌入数据校验规则进行事中校验。

（3）在业务流程中增加提供现场图片作为判定支撑。

（4）将日常站房运维情况及时录入站房环境信息。

9.变压器信息问题治理

◎ **影响范围**

居住小区营销基础档案信息中变压器信息不正确，可能导致互感器型号选用错误、户均容量计算不准、保护定值设置错误、负载率统计错误、抢险抢修、服务延误等服务风险，同时易发生停电信息统计不正确、应急处置不当等运维风险。

☆ **典型案例**

（1）居住小区档案中变压器容量与实际不符。

（2）居住小区档案中变压器电源信息与实际不符。

（3）居住小区档案中变压器站房信息与实际不符。

（4）居住小区档案中变压器所接负荷与实际不符。

🔍 **溯源辨析**

（1）居住小区建档过程中，小区管理单位未提供正确变压器参数。

（2）居住小区验收时，未逐一核实配电变压器及其站房实际情况。

（3）业务人员审核资料不细致，导致录入错误。

（4）居住小区配电变压器更换后，未及时到供电营业厅修正档案。

⚙ **业务管控**

（1）在建档环节对该字段进行重点提示，并进行参数确认告知。

（2）在业务流程的录入参数环节中加入参数校核、审批环节。

（3）建立相关运维、营销协同机制，同步参数。

（4）在业务流程中增加提供现场图片作为判定支撑。

（5）将日常站房运维情况及时录入站房环境信息。

10.低压分支箱及表箱信息问题治理

◎ **影响范围**

居住小区营销基础档案信息中低压分支箱及表箱信息不正确，可能导致抢险抢修环节易发生无法快速到达故障点、服务延误、抢修走弯路等问题，导致抢修不及时等服务风险及停电信息不正确、应急处置不当等运维风险。

📄 **典型案例**

（1）居住小区档案中低压分支箱及表箱信息采录不全。

（2）居住小区档案中低压分支箱及表箱信息采录数据不正确。

🔍 **溯源辨析**

（1）居住小区建档过程中，小区管理单位未提供正确低压分支箱及表箱信息。

（2）居住小区验收时，未逐一核实低压分支箱及表箱信息。

（3）业务人员审核资料不细致，导致录入错误。

（4）居住小区低压分支箱及表箱更换后，未及时到供电营业厅修正档案信息。

⚙ **业务管控**

（1）在建档环节对该字段进行重点提示，并进行参数确认告知。

（2）建立相关运维、营销协同机制，同步参数。

（3）在业务流程中增加提供现场图片作为判定支撑。

（4）在日常低压分支箱及表箱运维后，及时更新低压分支箱及表箱信息。

11. 自备应急电源问题治理

影响范围

居住小区营销基础档案信息中自备应急电源信息不正确或配置不到位，在开展故障抢修、用电检查等业务过程中，易发生供电环境判断错误、应急响应延误等安全服务风险。

问题形式

（1）居住小区档案中自备电源信息不全。

（2）居住小区档案中自备电源信息与现场不符。

（3）居住小区档案中自备电源启动方式不正确。

溯源辨析

（1）居住小区建设单位申请办电和业务变更过程中，提供的自备电源信息不准确，导致业务人员填写错误。

（2）居住小区管理单位增加自备电源设备后未向供电公司报备。

（3）居住小区管理单位增加自备电源设备容量后未到供电公司变更。

（4）营销业务应用系统无逻辑校验，导致异常数据未及时提示。

（5）现场检查不到位，未及时发现居住小区自备电源信息异常。

（6）居住小区建档过程中，工作人员现场收集资料时疏忽，审核资料不细致，导致系统建档不准确。

业务管控

（1）在办电和业务变更流程中嵌入数据质量逻辑校验规则，对自备电源信息进行逻辑校核。

（2）定期开展现场检查，对居住小区实际自备电源信息与档案信息进行比对校核。

（3）居住小区档案中自备应急电源信息的应急电源型号作为必填项。

（4）居住小区档案中自备应急电源信息应增加现场图片信息作为佐证材料。

（5）对存在自备应急电源隐患的居住小区，及时下发用电检查通知书，督促居住小区管理单位及时整改，同时向属地政府主管部报备安全隐患。

12.配电站房环境问题治理

影响范围

居住小区配电房运行环境恶劣，如抢修通道不畅通、通风效果较差等，影响供配电设施安全可靠供电，易导致故障抢修延迟、设备发热引发火灾等供电服务风险。

典型案例

图2-47　配电站房环境恶劣

溯源辨析

（1）居住小区申请办理新装时，对现场使用配电站房的小区，缺乏对配电站房环境的检查验收程序。

（2）日常用电检查时，未对使用配电站房的小区进行配电站房环境用电安全检查。

（3）没有形成闭环管理机制。在维护居住区档案时，缺乏对配电站房的检查。

业务管控

（1）居住小区建档立户时，对有配电站的小区加强现场检查验收，确保配电站房环境的安全性。

（2）开展居住小区现场核查时，重点区分小区配电站房和配电柜等用电设备，及时维护设备相关信息，避免配电站房小区和配电柜用电小区混淆。

（3）开展周期性用电安全检查，将配电站房环境安全纳入用电隐患排查治理中，对存在用电安全隐患的居住小区，及时下发用电检查通知书，督促居住小区管理单位及时整改，同时向属地电力主管部门报备。

13.小区负荷信息问题治理

⚙ **影响范围**

居住小区营销基础档案信息中小区负荷信息涉及的负荷分级、负荷容量配置等信息不准确、不完善，导致电源不能按要求配置、设备容量配置不满足要求，易引发供电可靠性低、资源浪费等供电服务风险。

📋 **典型案例**

（1）居住小区档案中小区负荷不准确。

（2）居住小区档案中小区负荷分级不准确。

🔍 **溯源辨析**

（1）居住小区申请办理新装业务时，工作人员未履行好工作职责，用户信息收集不完整，导致供电方案制定不合理，容量配置或负荷分级不准确。

（2）开展居民小区建档过程中，工作人员工作不到位，未仔细核查现场实际建筑情况，对小区现场负荷定性不准确，造成小区负荷分级错误。

⚙ **业务管控**

（1）在居住小区办理新装业务时，业务人员按业务要求收集小区用电负荷资料及容量需求，勘察人员严格按照国家标准制定方案，并在营销信息系统中完成录入。

（2）强化对居住小区用户的业扩全流程管理。在小区申请负荷新增或减少时，实行流程化管理，严格把控现场实际负荷。

（3）强化居住小区用电周期检查，做好设备与相关部门联合联运，确保居住小区负荷信息及变动情况，避免小区用电发生变化不能及时维护。

（4）完善信息审核流程。居住小区建档时，强化信息的二次审核，确保居住小区录入信息准确无误。

14.小区线—站—变关联信息问题治理

◎ 影响范围

居住小区线—站—变关联信息核实录入不准确，线—站—变图纸错误，涉及线—站—变现场、档案台账资料、系统信息不一致，易导致对外发布信息不准确、居住小区供电故障响应不及时，故障抢修延迟和存在抢修安全隐患等问题，引发供电服务风险。

🗟 典型案例

居住小区档案中小区站变关联信息与实际不一致。

🔍 溯源辨析

（1）在居住小区新装过程中，现场勘察人员对供电设施不熟悉，供电方案中站变关系编写错误，导致系统信息录入错误。

（2）在居民小区建档过程中，普查人员工作不到位，未仔细核查现场实际情况导致线站变关联信息错误。

⚙ 业务管控

（1）在居住小区办电环节提示小区线站变关联字段校验规则。

（2）在居住小区业务变更流程中嵌入数据质量逻辑校验规则，对小区线—站—变关联信息进行逻辑校核。

（3）及时同步居住小区线—站—变关联信息，对营销业务应用系统和GIS系统中供电电源信息进行比对校核。

（4）定期开展现场检查，对居住小区线—站—变关联信息与档案信息进行比对校核。

一、国网大数据中心

国网大数据中心通过外部数据资源目录向总部数据处申请，从企业数据和个体户数据中抽取用户名称、用户地址、统一社会信用代码等三十余个字段，与营销业务应用系统提取的数据进行比对更新。

国网大数据中心按周更新共享，为实现批量数据更新当前采样数据下发方式，源端数据为按周增量方式更新，后续可申请相关数据接口进行数据更新。

客户档案数据质量提升专用工具　　　　　　　　　　　　　　　　👤 Admin

	匹配分类	用户编号	统一社会信用代码	用户名称	企业类型	用户地址	法定代表人
☐	完美匹配	103 XXXXXXXX	916 XXXXXXXXXXX373	青铜 XX 化工有限公司	有限责任公司(自然人投资或控股)	青铜 XXXXXXXXX	
☐	完美匹配	103 XXXXXXXX	126 XXXXXXXXXXX64C	青铜峡市 XXXX 中心		青铜峡市 XXXXXXX	雷 XX
☐	完美匹配	103 XXXXXXXX	126 XXXXXXXXXXX565	宁夏 XXXXXXXXX 有限公司		温泉 XXXXXXXXX	马 XX

图3-1　国网大数据中心数据提取

1.用户名称

🔗 **应用流程**

（1）国网大数据中心外部数据与营销数据在营销业务应用系统中通过用户档案质量提升工具，实现批量回填高压/低压非居民用户的用户名称等字段。

（2）完成代码回填后，可通过接口/页面等申请其他外部数据信息，当回填信息与系统信息匹配不一致时，分别将营销系统用户档案信息及其对应的外部数据信息推送至现场普查工具前端，由普查人员现场与用户确认，填报准确数据，审核通过后，补填或更正营销系统原有用户信息。

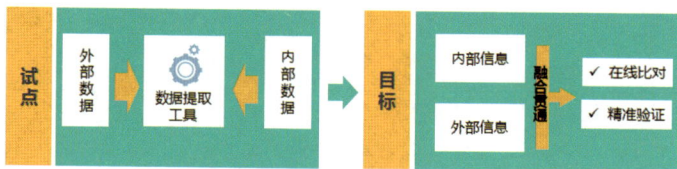

图3-2 数据提取应用过程

应用案例

通过国网大数据中心获取用户名称与营销系统比对，当用户名称不一致时，下发异常工单至现场普查工具，普查人员现场核实用户名称与其他信息，核实完成提交工单，营销系统审批，营销系统用户名称自动更新核实后的用户名称。

图3-3 用户名称数据治理流程

2.身份证号

应用流程

（1）首先利用档案中用户名称和外部数据企业名称执行模糊匹配算法模型，再比对档案中的身份证号与外部数据取得外部身份证号是否一致。

（2）对于缺乏身份证号等有效信息的档案数据，直接将营销档案中用户名称和外部数据企业名称执行全名精确匹配，并校验地址信息，完成内外部数据关联匹配。

（3）对于上述步骤都匹配失败的样本，将档案中的用户名称、地址和外部数据的企业名称、注册地址、企业法人执行基于人工智能的模糊匹配算法模型，完成内外部数据关联匹配。

（4）对于上述完成验证的数据，同步至现场普查工具前端，由普查人员关联匹配，填报准确数据，审核通过后，补填或更正营销系统档案数据。

应用案例

通过国网大数据中心获取身份证号与营销系统比对，发现国网大数据中心的数据与营销系统身份证号不一致，下发异常工单至"易作业"，普查人员去现场核实身份证号与其他信息，对比发现营销系统身份证号错误，核实完成，提交工单，营销系统审批归档。

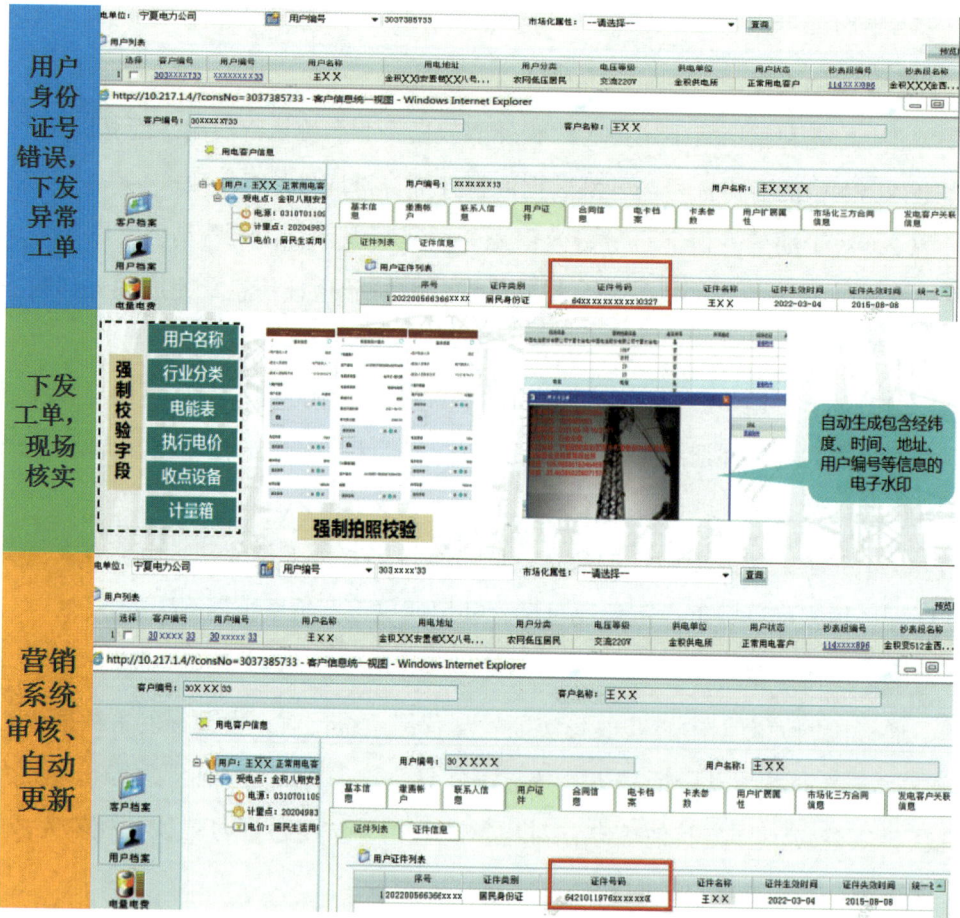

图3-4　身份证号更新流程

3.增值税号

应用流程

增值税号与营销业务应用系统中用户名称、户编号的匹配采用"六层漏斗过滤法"，在营销业务应用系统中搭建六层过滤模型，梯级降低增值税号的缺失率，具体步骤如下：

（1）对于有增值税号且有增值税信息的营销系统档案数据，首先用档案中的增值税数据关联外部数据取得外部增值税号，而后利用档案中用户名称执行模糊匹配算法模型，完成验证。

（2）对于有增值税号且有企业申请证件信息的营销系统档案数据，首先用档案中的证件数据关联外部数据取得外部增值税号，而后利用档案中用户名称执行模糊匹配算法模型，完成验证。

（3）对于缺乏增值税号、增值税名等有效信息的档案数据，直接将营销档案中用户名称和外部数据企业名称执行全名精确匹配，并指派人员人工校验地址信息，区分集团用户信息，完成内外部数据关联匹配。

（4）对于缺乏增值税号、增值税名等有效信息的档案数据，将营销档案中用户名称和工作人员记录的企业增值税开票信息中的企业名称执行全名精确匹配，并校验地址信息，完成内外部数据关联匹配。

（5）对于没有增值税号、企业申请证件信息的营销系统档案数据，在可以收集到企业注册纸质证件的情况下，直接利用档案中用户名称、地址和企业注册证件OCR扫描数据中的企业名称、注册地址执行模糊匹配算法模型，完成内外部数据关联匹配。

（6）对于上述步骤都匹配失败的样本，将档案中的用户名称、地址和外部数据的企业名称、注册地址、企业法人执行基于人工智能的模糊匹配算法模型，完成内外部数据关联匹配。

（7）经过"六层过滤模型+一层处理策略"进行核查、匹配后的数据，同步至"普查易"作业前端，由普查人员核定存档，形成数据闭环。

图3-5　"六层漏斗过滤法"

应用案例

部分高压企业用户为一般纳税人，营销系统未维护增值税信息，通过国网大数据中心获取增值税号与营销系统比对，自动回填至营销系统；通过国网大数据中心的数据与营销系统自动比对，发现增值税号不一致用户，自动下发异常工单至"易作业"，普查人员通过现场核实，比对发现营销系统增值税号错误，核实完成提交工单，营销系统审批，自动回填增值税号。

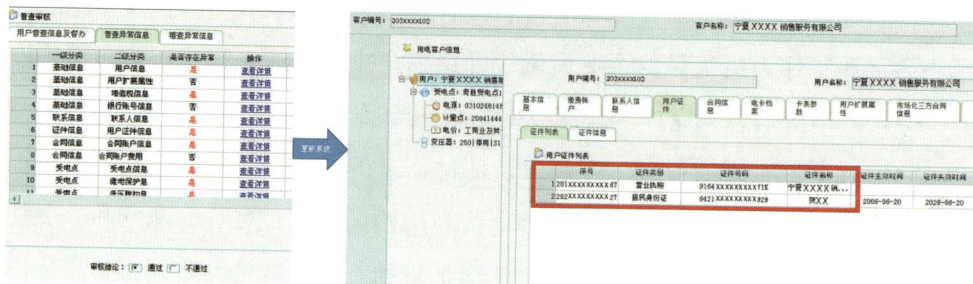

图3-6　国网大数据中心数据自动回填营销系统

4.行业分类

应用流程

（1）与工商管理单位对接，协商打通数据接口。

（2）通过工商管理单位信息大数据提取"用户名称+联系电话+用电地址"数据，将营销系统中"用户名称+联系电话+行业分类"作为比对条件，与工商管理单位信息数据中的行业分类进行匹配核验。

（3）如比对一致，营业普查人员通过"易作业"平台将其行业分类等信息进行补全规范，如仅用户名称或地址比对一致，其他证件号码、联系电话、行业分类均不一致，发起线上普查核验或下发市县供电公司核验补全信息。

应用案例

通过国网大数据中心获取用户营业执照、经营范围、行业分类，发现××轮毂有限公司在国网大数据中心的行业分类与营销系统中不一致，下发异常工单，普查人员去现场核查，核实现场用户具体行业是轮毂制造，按现场实际填写正确信息，完成后提交工单审批归档，完成档案自动更新。

普查过程中必须拍照留证字段			
字段名称	内容输入方式	拍照要求	拍照注意事项
用户名称	由营销系统自动带入，现场普查时进行核对	是否异常均需拍照	上传或输入用户简介
行业分类	由营销系统自动带入，现场普查时进行核对	是否异常均需拍照	上传用户产品或将能证明该用户行业类别的情景照片，如厂区、车间等。

档案问题字段					
二级类目	字段名称	内容输入方式	审核归档后是否可直接更新档案	拍照要求
用户信息	用户名称	由营销系统自动带入，现场普查时进行核对	是	是否异常均需拍照
具体地址	城市	由营销系统自动带入，现场普查时进行核对	是	否
	县（区、市）	由营销系统自动带入，现场普查时进行核对	是	否
	街道（乡镇）	由营销系统自动带入，现场普查时进行核对	是	否
	详细地址	由营销系统自动带入，现场普查时进行核对	是	否
用户信息	城乡标志	由营销系统自动带入，现场普查时进行核对	是	否
	重要性等级	由营销系统自动带入，现场普查时进行核对	是	否
增值税信息	增值税名称	由营销系统自动带入，现场普查时进行核对	是	否
	增值税编号	由营销系统自动带入，现场普查时进行核对	是	否
	增值税账号	由营销系统自动带入，现场普查时进行核对	是	否
	增值税电话	由营销系统自动带入，现场普查时进行核对	是	否
	注册地址	由营销系统自动带入，现场普查时进行核对	是	否

图3-7 异常数据对比更新

5.法人姓名

应用流程

（1）基于"外部数据接入+内部数据匹配+OCR识别补充"整体解决方案，构建"六层漏斗过滤法"实现批量智能核验回填，其主要技术难点在自然语言处理模糊匹配和OCR智能扫描回填两层。

（2）企业名称模糊匹配主要包括停用词去除、文本分词、词库构建与IDF计算、交互信息权重计算五步。

（3）OCR识别后的各类证件号，通过国码中心关联得到统一社会信用代码。国码中心同时可基于统一社会信用代码提供法定代表人。

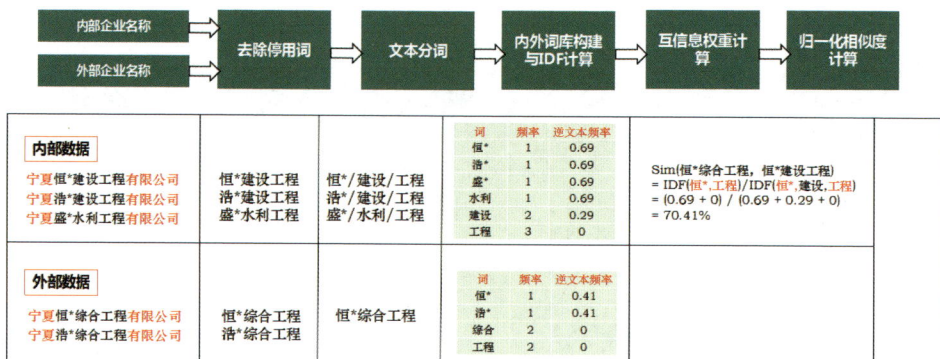

图3-8　外部数据应用流程

📋 **应用案例**

通过国网大数据中心与营销系统进行法人姓名比对，发现国网大数据中心的数据与营销系统法人姓名不一致，下发异常工单至"易作业"。普查人员通过现场核查确认用户名称、法人姓名与其他信息，对错误信息完成整改并提交工单审批归档，更新法人姓名。

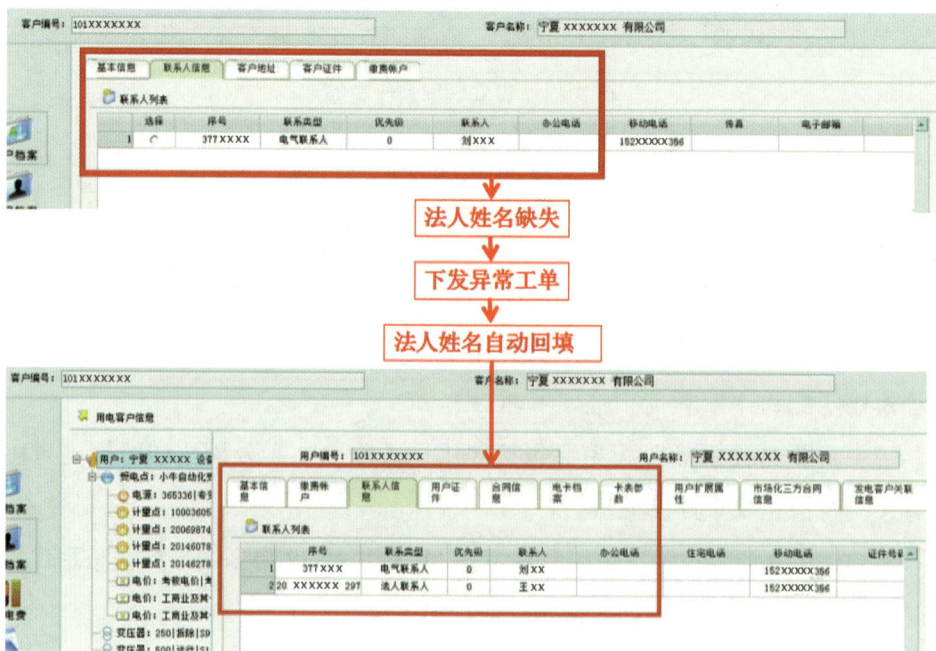

图3-9　异常数据核查更改

二、网上国网

网上国网App是国家电网有限公司官方线上服务入口，集"住宅、电动车、店铺、企事业、新能源"五大使用场景，提供业扩新装、充电桩报装、信息查询、电费交纳、故障报修等服务。通过网上国网App用户注册、实名认证、绑定用户等使用记录获取用户身份信息的数据，补全更新营销系统中用户名称、身份证号、手机号码等信息。

网上国网App数据可采用静态或动态方式获取。静态获取，由省公司沟通网上国网App运维厂商，按照对方要求签订保密材料等文件，导出用户联系信息，主要包括交费户号、用户名称、缴费时间、缴费金额等。动态获取，可以打通网上国网与营销系统的信息通道，直接在营销信息系统上显示用户网上国网账号和绑定的电话。

应用流程

（1）对于用户在网上国网上完成注册、实名认证和户主认证的，通过系统自动派发工单，将网上国网App实名认证信息及户主认证信息同步至营销系统，从而补全用户名称、身份证号、手机号码等用户信息。

（2）用户在网上国网App上未进行实名认证，未完成户主认证，给该账号推送网上国网自助普查任务，若用户完成填写并提交或点击"信息无误"，可将该户信息同步至营销系统，获取对应户主的相关信息。

（3）修改用户名可以通过网上国网App线上办理，需要提交房产证、身份证、营业执照等证件的照片，也可以携带相关证件到营业厅办理。

（4）建议打通网上国网App与营销业务系统的关联，通过营销系统直接显示身份证号、用户近半年通过各类缴费渠道缴费的信息和用户联系方式等实名认证信息。有2次以上缴费记录的网上国网App账号推送至台区经理人，与网上国网App账号负责人员进行联系，获取用户编号及其联系信息，并与用户电话联系确认。

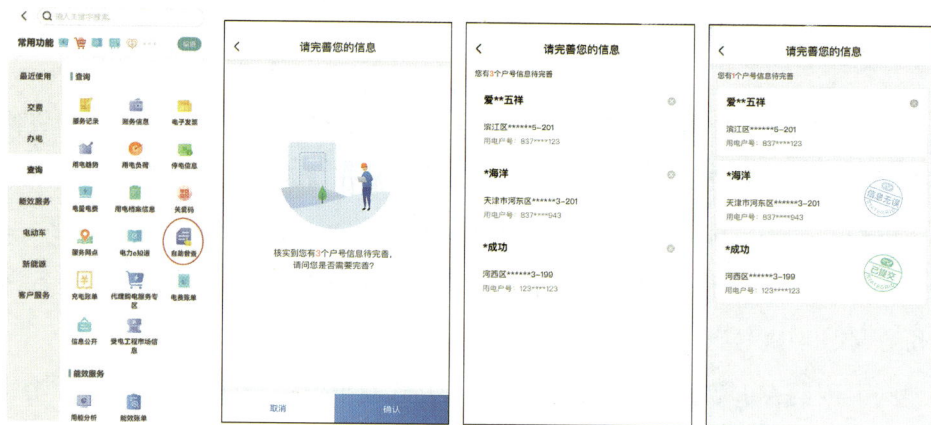

图3-10　网上国网自助普查

三、政务平台

政务平台作为政务服务的总枢纽，为各地区政务服务提供数据支撑，平台中的用户名称、身份证号、统一社会信用代码等信息可用于与营销业务应用系统提取的数据进行比对更新。供电公司可采取专线方式建立与省、市两级政务服务平台的连接，实现营销系统与政务服务平台的信息实时交互，实现包括身份证、房产证、营业执照、社会信用代码证等9类政务服务信息的共享和按需获取。

1.用户名称

应用流程

（1）业务受理在营业执照页面可以输入企业名称或统一社会信用编码（代码）信息，点"保存"。

图3-11 营销系统业务受理界面

（2）点"获取"相关按钮，包括"获取（国家级）"，此按钮将调用政务共享平台获取国家工商总局的数据；"获取（省级企业）"，此按钮将调用政务共享平台获取省级工商局企业相关数据；"获取（省级个人）"，此按钮将调用政务共享平台获取省级工商局个人相关数据。

（3）获得数据后自动验证企业名称与用户名称的一致性。如用户信息不正确，则告知用户办理更名手续所需材料及流程，建议用户通过网上国网等线上平台办理更名业务。

应用案例

案例1：存量用户数据治理与整改

通过对存量用户开展治理整改，并记录用户名称与企业名称不一致明细，下发至责任管理单位，告知用户办理更名业务，从而提升用户名称的规范性和准确性。

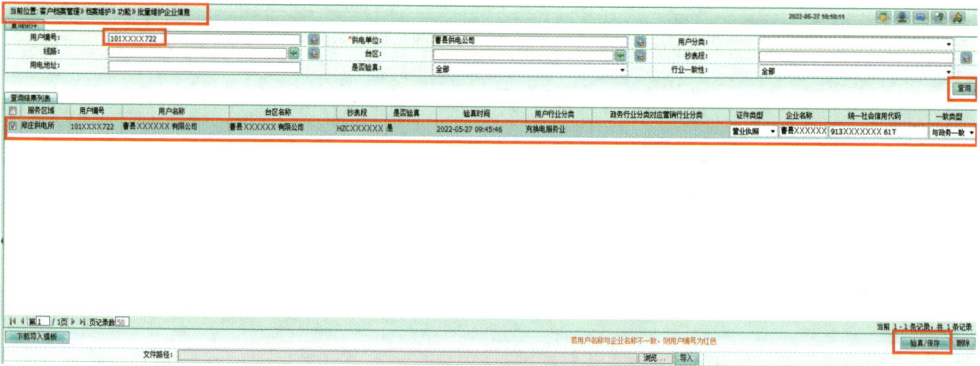

图3-12　营销系统对政务平台数据验真

案例2：增量用户数据获取与核验

工作人员在受理企业用户用电新装时，须在业务流程中完成验真，对于验真不通过的用户及时完成整改，确保增量用户档案准确、可靠。

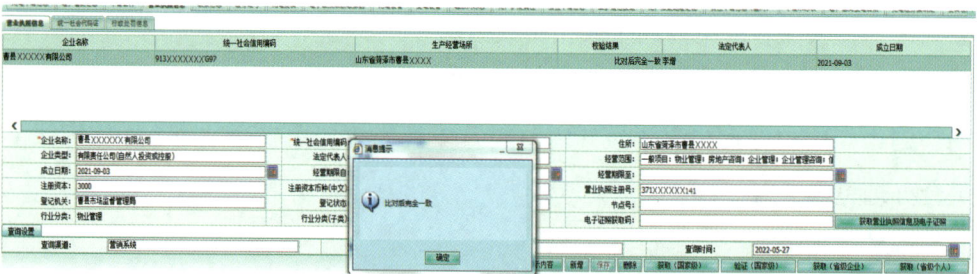

图3-13　新装用户获取政务平台数据

2.身份证号

应用流程

（1）贯通省级公安部门平台数据，打通省大数据局电子证照数据接口，获取身份证信息。

（2）在用电申请信息页面填写基本信息后，点击"保存"及"身份证验真"按钮，调用政务共享平台获取公安厅身份证信息，提示身份证验真通过，则说明身份证信息获取成功。

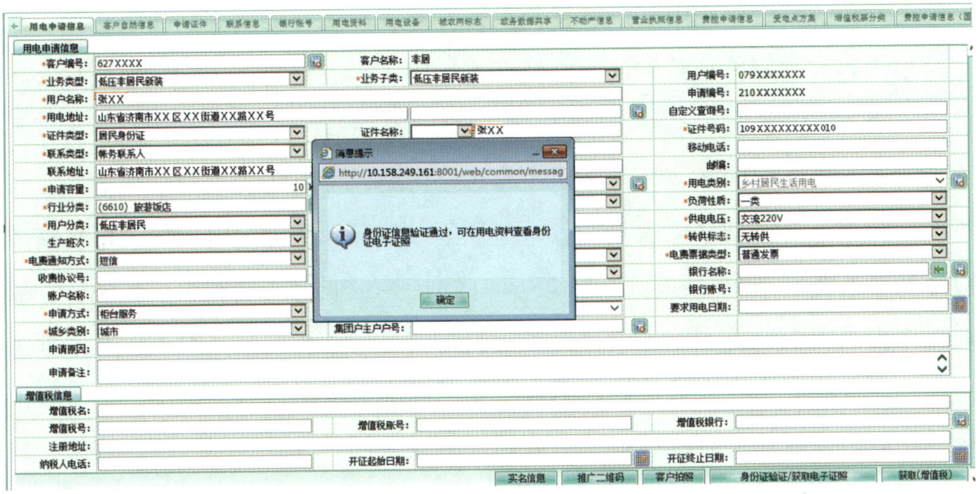

图3-14　身份信息验证通过

（3）如用户身份证信息不正确，则告知用户更新相关信息，由用户到营业厅申请办理，或者通过网上国网App线上更新，也可通过RPA技术对获取的政务平台数据与营销业务系统历史数据进行核验，实现历史档案数据批量更新。

3.用电地址及城乡类别

应用流程

（1）通过国家民政部网站，利用RPA技术获取国家民政部行政区划代码和城乡划分代码（简称区划代码表）。根据国家民政部数据更新频率，每年更新一次。

图3-15　国家民政部行政区划代码

（2）在营销数据库中新增区划代码表，用于存放获取的区划代码数据。建立区划代码表与标准地址表的对应关系表，用于存放营销系统标准地址与区划代码表的对应关系。

（3）系统增加标准地址与区划代码对应功能，可以实现批量模糊对应，对于上下级关系与区划代码表不一致、名称不一致等无法批量对应的，可在完成对标准地址修改正确以后进行单个对应；对于存在村委会(居委会)合并的情况，通过先将其下级关系调整正确后再进行删除的方式进行调整；对于标准地址中有但区划代码表中没有或区划代码表中有但标准地址码没有的情况，提供查询统计功能，以确保所有标准地址与区划代码表全部对应。对标准地址表维护功能进行改造，在新增标准地址时，增加与区划代码表的比对，不一致的不予保存，一致的保存后对应关系自动存储至关系对应表中。

（4）根据区划代码表中的乡级代码，现场核实城乡结合区的用户属于城镇还是农村，然后根据城乡分类代码，对相同五级地址，即省、市、区县、街道（乡、镇）、居委会（行政村）中的用户城乡分类进行批量更新。

行政区划代码	省	市	区/县	等级
110000	**北京市**			1
110101	北京市	北京市	东城区	3
110102	北京市	北京市	西城区	3
110105	北京市	北京市	朝阳区	3
110106	北京市	北京市	丰台区	3
110107	北京市	北京市	石景山区	3
110108	北京市	北京市	海淀区	3
110109	北京市	北京市	门头沟区	3
110111	北京市	北京市	房山区	3
110112	北京市	北京市	通州区	3
110113	北京市	北京市	顺义区	3
110114	北京市	北京市	昌平区	3
110115	北京市	北京市	大兴区	3
110116	北京市	北京市	怀柔区	3
110117	北京市	北京市	平谷区	3
110118	北京市	北京市	密云区	3
110119	北京市	北京市	延庆区	3

图3-16 北京市行政区划代码

应用案例

2022年，山东省菏泽市成武县大田集镇邓庙村委会和邓庄村委会合并为邓庄村委会，但邓庙村仍然存在，此时需要将标准地址表中的邓庙村的上级地址先修改到邓庄村委会，然后将邓庙村委会删除，这样就确保了地址的正确性。

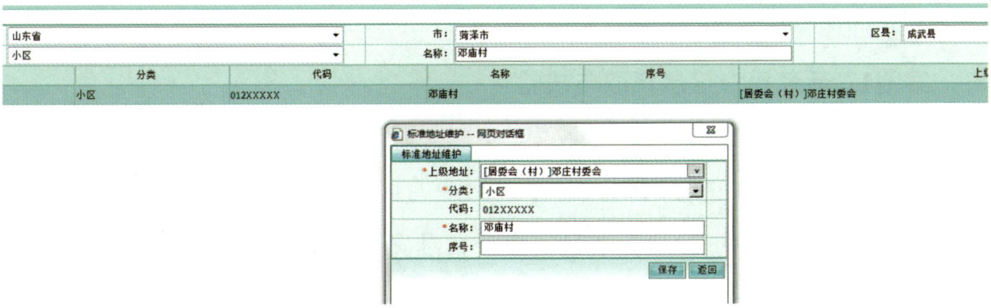

图 3-17　标准地址维护

4.统一社会信用代码、增值税号、法人姓名

（1）打通政务平台数据连接，业务人员通过营销业务应用系统，直接获取政务平台中记录的用户统一社会信用代码、增值税号、法人姓名及相关证照信息。

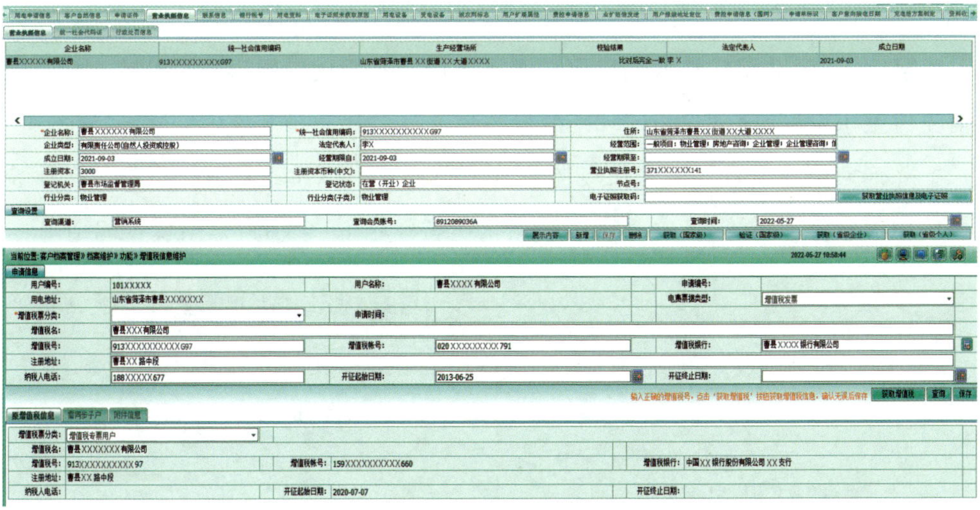

图 3-18　系统获取界面

（2）获得数据后自动展示相关证照信息，验证数据字段准确性。如用户信息与证照信息不一致，则告知用户办理相应变更手续所需材料及流程，建议用户通过网上国网 App 等线上平台办理变更业务。

🔲 **应用案例**

案例1：新装用户信息获取与核验

供电公司工作人员在受理企业用户用电新装时，在业务流程中完成用户信息获取，对获取结果进行研判，对存在问题的档案及时完成整改，对不准确的受理资料及时更正收资，确保增量用户档案准确、可靠。

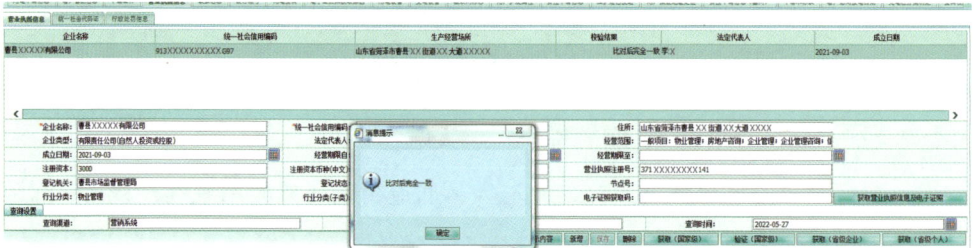

图3-19　应用政务平台数据对营销系统法人姓名进行对比

案例2：企业用户法人信息可从国家市场监督管理总局官方网站或App、微信支付宝小程序等获取

普查人员通过登录国家市场监督管理总局官方网站，从首页点击"国家企业信用信息公示系统"，在查询栏输入企业名称点击"查询"，出现查询结果。

图3-20　应用国家企业信息公示系统数据

案例3：通过百度搜索天眼查、手机下载天眼查App或微信小程序获取

普查人员通过手机点击天眼查App或微信小程序，在查询界面输入企业名称（营销业务应用系统中的户名）点击“查询”，出现查询结果。

5.联系人手机号码

（1）从不动产权登记系统获取居民用户二手房转移登记的相关信息，包括新旧户主姓名、身份证号、产权地址、交易时间、联系人电话等信息。

（2）居民房产交易电表联动过户。获取房产交易信息后，通过联系人手机号码与用户联系，关联营销系统中的用电户号，发起过户流程。

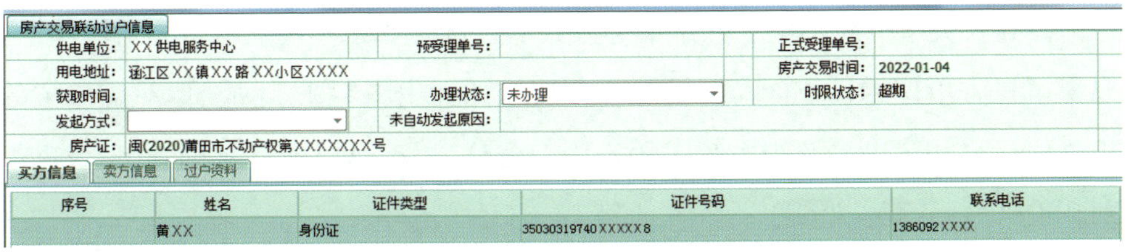
房产交易联动过户信息

供电单位：XX供电服务中心　预受理单号：　正式受理单号：
用电地址：涵江区XX镇XX路XX小区XXXX　房产交易时间：2022-01-04
获取时间：　办理状态：未办理　时限状态：超期
发起方式：　未自动发起原因：
房产证：闽(2020)莆田市不动产权第XXXXXXX号

买方信息　卖方信息　过户资料

序号	姓名	证件类型	证件号码	联系电话
	黄XX	身份证	35030319740XXXXX8	1386092XXXX

图3-21　用户信息关联更改

（3）贯通营销业务应用系统与工程建设项目审批系统，获取工程建设项目审批信息，取得项目名称、统一社会信用代码、建设规范及内容、联系人电话等信息。

（4）开展高压用户先导式办电。获取项目审批信息后，通过联系人手机号码与用户联系，了解项目情况和用电需求，提前开展业扩配套建设，指导用户进行用电报装，同时通过电子证照调用用户相关证照。

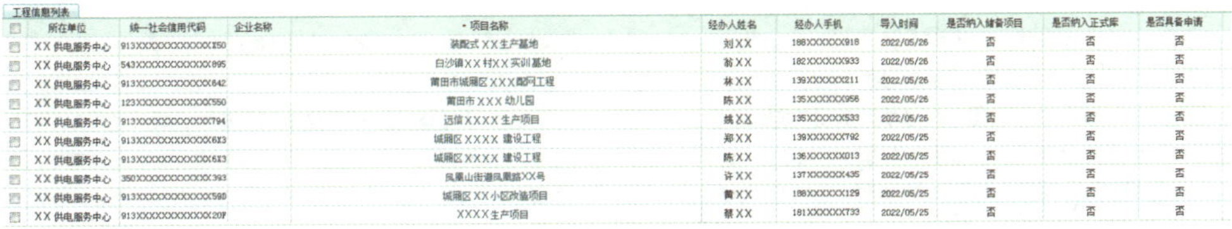
工程信息列表

所在单位	统一社会信用代码	企业名称	·项目名称	经办人姓名	经办人手机	导入时间	是否纳入储备项目	是否纳入正式库	是否具备申请
XX供电服务中心	913XXXXXXXXXXXXX50		装配式XX生产基地	刘XX	188XXXXXX918	2022/05/26	否	否	否
XX供电服务中心	543XXXXXXXXXXXXX895		白沙镇XX村XX实训基地	翁XX	182XXXXXX933	2022/05/26	否	否	否
XX供电服务中心	913XXXXXXXXXXXXX642		莆田市城厢区XXX配网工程	林XX	139XXXXXX211	2022/05/26	否	否	否
XX供电服务中心	123XXXXXXXXXXXXX550		莆田市XXX幼儿园	陈XX	135XXXXXX956	2022/05/26	否	否	否
XX供电服务中心	913XXXXXXXXXXXXX794		远信XXXX生产项目	姚XX	135XXXXXX533	2022/05/26	否	否	否
XX供电服务中心	913XXXXXXXXXXXXX6X3		城厢区XXXX建设工程	郑XX	139XXXXXX792	2022/05/25	否	否	否
XX供电服务中心	913XXXXXXXXXXXXX6X3		城厢区XXXX建设工程	陈XX	136XXXXXX013	2022/05/25	否	否	否
XX供电服务中心	350XXXXXXXXXXXXX393		凤凰山街道凤凰路XX号	许XX	137XXXXXX435	2022/05/25	否	否	否
XX供电服务中心	913XXXXXXXXXXXXX590		城厢区XX小区改造项目	黄XX	188XXXXXX129	2022/05/25	否	否	否
XX供电服务中心	913XXXXXXXXXXXXX20F		XXXX生产项目	蔡XX	181XXXXXX733	2022/05/25	否	否	否

图3-22　政务平台数据获取（总览页面）

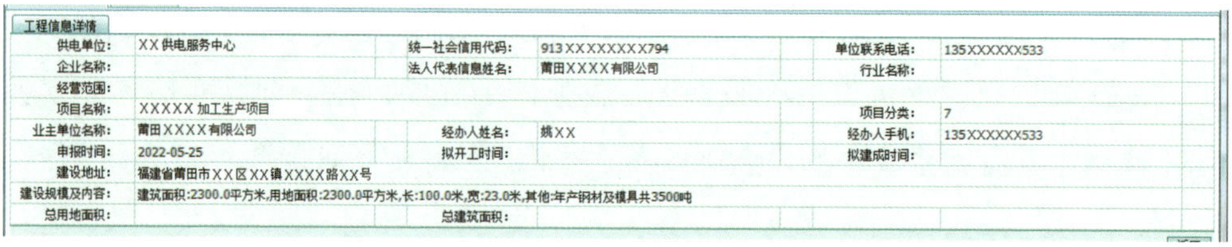

工程信息详情

供电单位：	XX 供电服务中心	统一社会信用代码：	913 XXXXXXXX794	单位联系电话：	135XXXXXX533
企业名称：		法人代表信息姓名：	莆田XXXX有限公司	行业名称：	
经营范围：					
项目名称：	XXXXX 加工生产项目			项目分类：	7
业主单位名称：	莆田XXXX有限公司	经办人姓名：	姚XX	经办人手机：	135XXXXXX533
申报时间：	2022-05-25	拟开工时间：		拟建成时间：	
建设地址：	福建省莆田市XX区XX镇XXXX路XX号				
建设规模及内容：	建筑面积:2300.0平方米,用地面积:2300.0平方米,长:100.0米,宽:23.0米,其他:年产钢材及模具共3500吨				
总用地面积：		总建筑面积：			

图3-22　政务平台数据获取（具体页面）

四、社区街道

普查人员通过对接函、介绍信等方式与社区、街道、物业等单位对接沟通，取得第三方单位的认可同意，签订双方要求的保密材料，从而获取对应户主的相关信息，补全更新营销系统中用户用户名称、身份证号、用户地址、城乡类别、手机号码等基础信息。

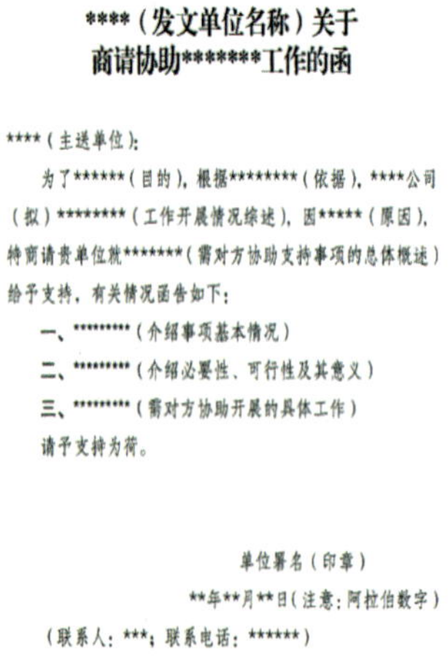

******（发文单位名称）关于**
商请协助*****工作的函**

****（主送单位）：

为了******（目的），根据********（依据），****公司（拟）********（工作开展情况综述），因*****（原因），特商请贵单位就*******（需对方协助支持事项的总体概述）给予支持，有关情况函告如下：

一、*********（介绍事项基本情况）

二、*********（介绍必要性、可行性及其意义）

三、*********（需对方协助开展的具体工作）

请予支持为荷。

单位署名（印章）

年月**日（注意：阿拉伯数字）

（联系人：***；联系电话：******）

图3-23　对接函

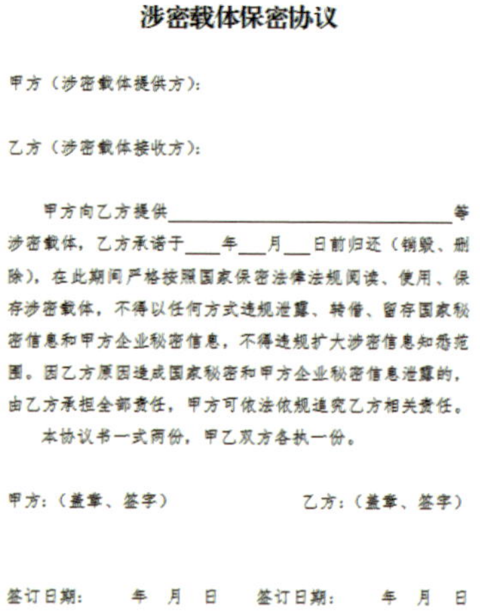

涉密载体保密协议

甲方（涉密载体提供方）：

乙方（涉密载体接收方）：

甲方向乙方提供______________________________等涉密载体，乙方承诺于____年___月___日前归还（销毁、删除），在此期间严格按照国家保密法律法规阅读、使用、保存涉密载体，不得以任何方式违规泄露、转借、留存国家秘密信息和甲方企业秘密信息，不得违规扩大涉密信息知悉范围。因乙方原因造成国家秘密和甲方企业秘密信息泄露的，由乙方承担全部责任，甲方可依法依规追究乙方相关责任。

本协议书一式两份，甲乙双方各执一份。

甲方：（盖章、签字）　　　　乙方：（盖章、签字）

签订日期：　年　月　日　　签订日期：　年　月　日

图3-24　保密协议

应用流程

（1）获得数据后首先核对用户信息准确性。通过获得的电话主动联系用户，确保对应住址的用户姓名、身份证号、手机号码等信息准确。

（2）如用户信息存疑，则及时联系用户询问情况并告知办理更名手续所需材料及流程，由用户到营业厅申请办理，或者通过支付宝App实名认证、网上国网App线上更名。

（3）如用户用电地址信息不正确，则告知用户办理用户基础信息维护流程所需材料，由用户到营业厅申请办理。根据完善后的用电地址信息，由营业厅申请档案维护流程修改城乡类别信息。

（4）第三方获得材料途径不宜使用过于频繁，应根据新建小区入住户数、新建小区数量等因素，每季度到半年之间进行一次沟通对接，避免造成第三方抵触情绪。

应用案例

案例1：批量用户数据获取

公司工作人员与小区物业沟通，获取小区物业和社区联系人提供的花名册，补全更新小区批量数据。由客户经理将小区花名册内业主姓名、地址、手机号码等信息与营销系统基础信息匹配核实，并以提交问题平台的形式将小区用户的基本信息批量更正完善。

案例2：分散用户数据获取

公司通过在小区物业通知板及售楼处粘贴网上国网App和支付宝实名认证二维码，宣传用户自助普查工作，用户通过扫描二维码可自行办理如更改姓名、证件等在内的简单业务，从而补全用户信息，提高用户基础档案信息准确性。

五、科技零售企业

与美团等知名科技零售企业建立战略合作伙伴，实现数据融通共享，以校验、填补用户名称、用电地址等用户基础信息。

应用流程

（1）获得数据后首先核对用户信息准确性。通过RPA技术对用户名称、用户地址进行匹配对比，对外卖行业数据进行准确性核验。

（2）可通过获得的电话主动联系用户，或通过租户获取户主的名称、地址和联系方式等信息，核实过程中，做好解释及沟通工作，规避用户产生信息泄露的顾虑而拒绝接受信息核实。

（3）因外卖地址与公司五级数据地址的要求可能存在差异，或用户外卖地址与营销系统地址存在官方称呼和通俗称呼的差异，需普查人员仔细核对，按照现有营销系统用户名称的要求完善基础信息。

六、快递物流综合服务企业

在取得政府同意且认可的情况下，考虑采用官方对接函、介绍信等法律认可的形式，与中国邮政速递物流、顺丰速运等快递物流综合服务企业签订双方要求的保密材料，获取对应的寄件人和收件人的相关信息，补全更新营销系统中用户名称、用电地址信息。

应用流程

（1）获得数据后首先筛选数据有效性。通过用电地址筛选匹配相关用户名称，若存在多个用户名称应以最新数据为准，与用户核实营销系统内相关信息；对于收件人相关信息，需要先进行用户身份信息验证，确保获得的信息是准确的。

（2）若用户信息不正确，需询问确认用户是产权方还是租赁方，如为产权方，则告知用户办理更名手续所需材料及流程，由用户到营业厅申请办理，或者通过支付宝App实名认证、网上国网App线上更名；如为租赁方，需进一步联系产权方进行进一步沟通。

（3）应用第三方用户信息不宜过于频繁，应根据电费账单投递周期等因素，每季度到半年之间进行一次沟通对接，避免过于频繁造成第三方抵触情绪。

七、第三方支付平台

通过应用支付宝等第三方支付平台回流的业主身份信息，补全更新系统中身份证号、手机号码等基础信息。

应用流程

（1）针对支付宝的用户缴费信息，在用户同意授权条款的情况下将用户的基础信息回流到电力数据平台，从而获得部分用户的相关信息。支付宝授权方式：用户通过支付宝生活缴费——电费模块进行缴费，签署《支付宝生活缴费协议》《自动缴费服务协议》《用户授权协议》等协议的用户可授权相关基础信息。

（2）针对支付宝实名认证的用户，支付宝和营销业务系统数据，户名、身份证号码都匹配的，则该身份证号码验真。将支付宝的电话号码更新到系统的账务联系人电话中（针对已有账务联系人的进行覆盖，针对无的则增加）。

（3）户名、身份证号码不匹配的，营服中心下发数据，由供电单位自行清理确认后上报户名、户号、联系人姓名、联系类型、电话、身份证姓名及号码，营服中心统一处理。

（4）建议数据每月更新。

应用案例

案例1：构建用户身份证号码验真标签

通过利用支付宝以及供电单位人员具体核实等的数据信息，对营销业务系统数据进行验真之后，针对已验真的用户构建身份证号码验真标签，明确用户验真情况。如有"ID真-支付宝"标签则为支付宝验真身份证号标签。

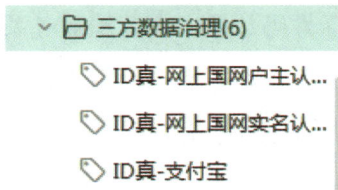

图3-25　支付宝数据标签

利用已验真的用户身份证号码数据，在营销业务系统中明确用户真实可用的身份证号码信息。进入用户统一视图，点击证件信息页面，有条目增加颜色显示，表示此证件名称、证件号码已经过认证。

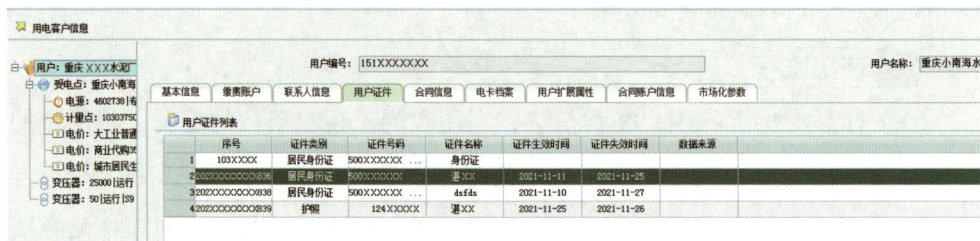

图3-26　营销系统验真数据显示

案例2：构建用户电话号码验真标签

通过利用支付宝及供电单位人员具体核实等的数据信息，对营销业务系统数据进行验真之后，针对已验真的用户构建电话号码验真标签，明确用户验真情况。如有"TEL真-支付宝"标签则为支付宝验真电话号码标签。

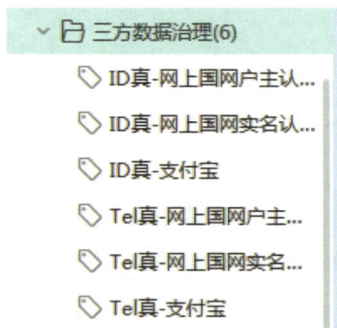

图3-27　电话号码验真标签

利用已验真的用户电话号码数据，在营销业务系统中明确用户真实可用的电话号码信息。进入用户统一视图，点击联系人信息页面，有条目增加颜色显示，表示此联系人、电话号码已经过认证。

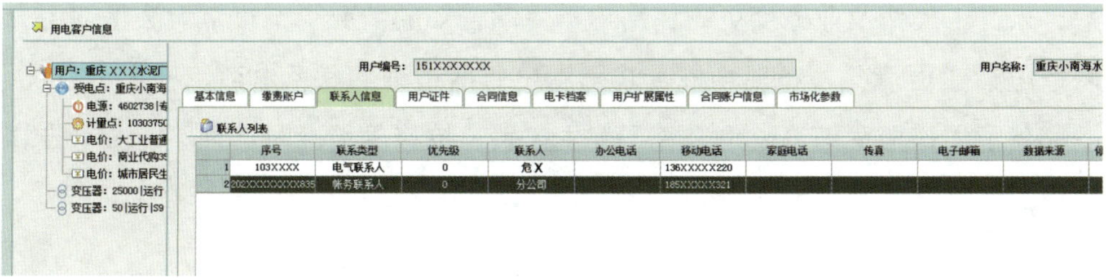

图3-28　电话号码验真高亮显示

八、电信运营商

与三大运营商合作，将营销系统中用户联系方式与三大运营商在用数据及电话号码号段信息进行比较核对。

应用流程

（1）将营销系统内用户联系方式中的电话号码导出并发送至三大运营商，三大运营商与其在用电话号码进行对比，将省外电话号、已销号电话号以及空号信息反馈给供电公司。

（2）供电公司对已销号及空号等异常信息，通过地址、户名等相关信息进行现场核实，将核实后的信息补全或更正。

（3）建议每半年或一年进行一次数据更新。

图3-29　应用流程图

应用案例

通过三大运营商反馈的注销电话号码信息，发现部分用户的联系电话已销号，基层工作人员根据地址、姓名等相关信息确定后，对此户进行现场核实。核实结果确实为用户电话因通信运营商资费调整原因已销号。因用户为优质用户，未产生欠费及业务变更，在用户不主动告知的情况下，正常无法得知用户联系电话变更情况。经现场核实获得用户目前正确的联系电话，补全至系统，既完善了用户档案信息，也避免了发生欠费、抢修等情况时出现不能及时告知用户的情况发生。

表3-1　××供电公司用户联系电话情况表

供电公司	电话号码	状态	现场核实结果
××供电公司	199××××9066	正常用户	
××供电公司	130××××1234	已销号用户	用户已注销原号码，新号码为130××××4321
××供电公司	137××××0450	正常用户	
××供电公司	123××××8901	非正常号码	用户实际使用联系电话为133××××8901

九、外部地图厂商

依托思极地图获取地图中结构化用电地址数据信息，核查营销业务应用系统中的用户地址信息。

§ 应用流程

（1）从营销系统获取用电地址基础数据信息，从GIS系统获取用电地址数据坐标信息。

（2）获得数据后，关联GIS系统地址数据坐标，然后进行用电地址数据结构化解析，解析后的结构化数据通过人工治理，再对治理完的数据进行审核，审核通过后提交入库。

（3）前4级行政区划数据通过民政部官方网站信息进行定期更新，第5级社区数据通过民政第5次普查内部数据和互联网数据互为补充，第6-7级路网数据通过对接思极地图信息进行日更新，后几级地址数据通过营销普查进行用户数据采集、沉淀，逐步扩充后4级地址建设。

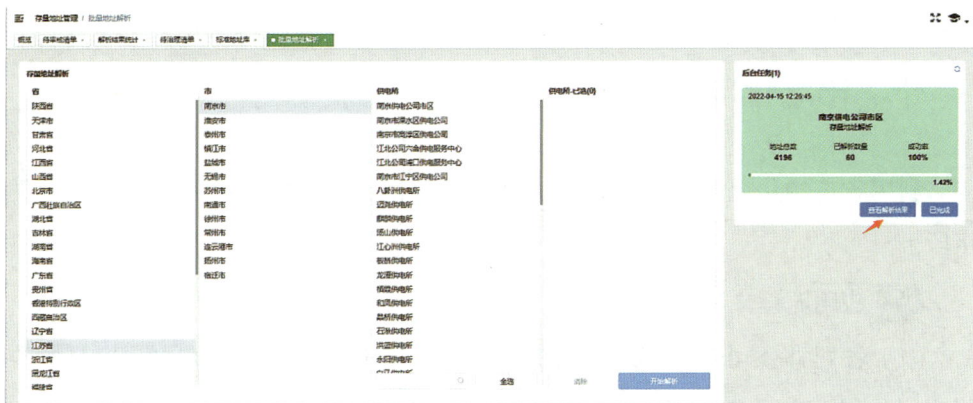

图3-30　地图数据解析

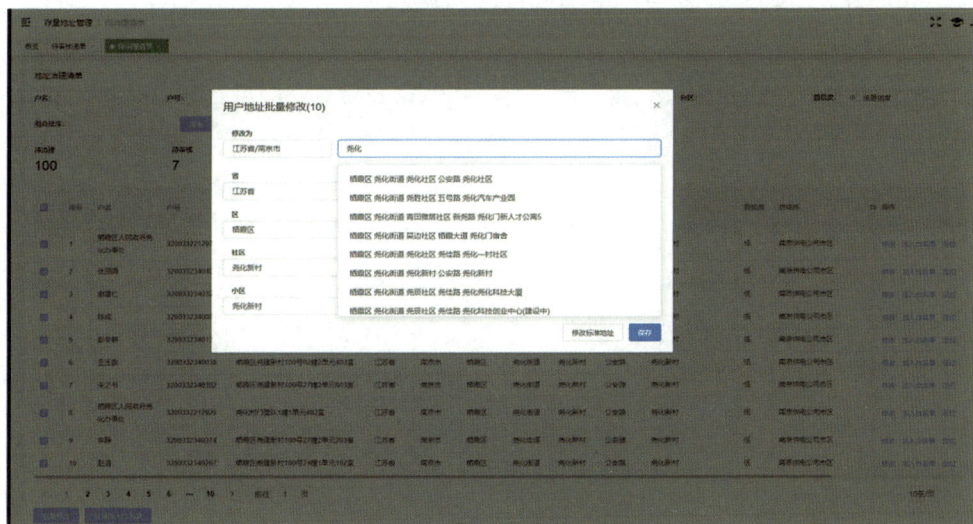

图3-31　用电地址批量修改

应用案例

场景一：一键查询。营销业务应用系统内用户地址统一规划命名后，可以有效地进行地址索引，提供了除用户户名、户号外便捷有效的查询方式。

场景二：一键通知。计划停电、故障停电、应急保电等服务信息快速精准推送。

场景三：一键定位。用电地址、站房接入点精准定位。

十、市场化电力交易平台

利用省市场化交易平台数据，实时更新营销业务应用系统市场化属性分类字段。

应用流程

（1）各网省公司对接当地电力交易中心，实现信息互联。省电力交易中心将市场化属性变更名单统一推送至省电力公司，由省电力公司在交易平台发起购售关系绑定流程，经营销业务应用系统审核通过并上传合同，后台统一修改市场化属性分类标签，在系统可查询。

（2）原则上市场化属性分类每季度更新一次。

1.供用电合同

▍ 供用电合同是指在供电企业和用户在供电前应根据用户需要和供电企业的供电能力签订。

▍ 供用电合同应当具备以下条款：①供电方式、供电质量和供电时间；②用电容量和用电地址、用电性质；③计量方式和电价、电费结算方式；④供用电设施维护责任的划分；⑤合同的有效期限；⑥违约责任；⑦双方共同认为应当约定的其他条款。

▍ 供用电合同的签订，各级单位与用户签订供用电合同，应使用公司统一合同文本，包括：高压供用电合同、低压供用电合同、临时供用电合同和委托转供电协议。对居民用户的供用电合同，各单位可参考本行政区域制定的合同示范文本签订，并采用背书的方式处理。

2.合同容量、运行容量、变更用电

▍ 合同容量、运行容量、变更用电是指申请新装用电、临时用电、增加用电容量、变更用电和终止用电，均应当到当地供电企业办理手续，并按照国家有关规定交付费用；供电企业没有不予供电的合理理由的，应当供电。供电企业应当在其营业场所公告用电的程序、制度和收费标准。

3.存在违约用电

▍ 违约用电是指用户有下列危害供电、用电安全，扰乱正常供电、用电秩序的行为：①擅自改变用电类别；②擅自超过合同约定的容量用电；③擅自超

过计划分配的用电指标的；④擅自使用已经在供电企业办理暂停使用手续的电力设备，或者擅自启用已经被供电企业查封的电力设备；⑤擅自迁移、更动或者擅自操作供电企业的用电计量装置、电力负荷控制装置、供电设施以及约定由供电企业调度的用户受电设备；⑥未经供电企业许可，擅自引入、供出电源或者将自备电源擅自并网。

4.存在违约用电（违规转供）

▌ 违约用电（违规转供）是指违反条例规定，有下列行为的，由电力管理部门责令改正，没收违法所得，可以并处违法所得5倍以下的罚款：①未按照规定取得《电力业务许可证》，从事电力供应业务的；②擅自伸入或者跨越供电营业区供电的；③擅自向外转供电的。

5.窃电

▌ 窃电行为包括：①在供电企业的供电设施上，擅自接线用电；②绕越供电企业的用电计量装置用电；③伪造或者开启法定的或者授权的计量检定机构加封的用电计量装置封印用电；④故意损坏供电企业用电计量装置；⑤故意使供电企业的用电计量装置计量不准或者失效；⑥采用其他方法窃电。

6.电量统计

▌ 电量统计是指各单位应充分应用反窃电稽查监控、用电信息采集、营销业务应用等系统，持续完善数据分析模型，运用大数据技术开展窃电线索分析，精准定位窃电信息，确定检查对象。

7.电费回收

▌ 电费回收是指反窃电处理人员应按《供电营业规则》和相关法律法规确定窃电量，在窃电期间内发生电价调整的，按电价调整文件要求执行时间分段计算。

▌ 电费回收是指追补电费和违约使用电费应及时、足额，并录入营销业务应用系统，各单位不得擅自减免应补交的电费。

8.减容（暂停）

放宽减容（暂停）期限限制，电力用户（含新装、增容用户）可根据用电需求变化情况，提前5个工作日向电网企业申请减容、暂停、减容恢复、暂停恢复用电，暂停用电必须是整台或整组变压器停止运行，减容必须是整台或整组变压器的停止或更换小容量变压器用电。电力用户减容2年内恢复的，按减容恢复办理；超过2年的按新装或增容手续办理。

▌ 电力用户申请暂停时间每次应不少于15日，每一日历年内累计不超过6个月，超过6个月的可由用户申请办理减容。减容期限不受时间限制。

▌ 减容（暂停）后容量达不到实施两部制电价规定容量标准的，应改为相应用电类别单一制电价计费，并执行相应的分类电价标准。减容（暂停）后执行最大需量计量方式的，合同最大需量按照减容（暂停）后总容量申报。

▌ 减容（暂停）设备自设备加封之日起，减容（暂停）部分免收基本电费。

9.电压等级

▌ 电压等级是指供电企业供电的额定电压：①低压供电：单相为220伏，三相为380伏；②高压供电：为10、35（63）、110、220千伏。除发电厂直配电压可采用3千伏或6千伏外，其他等级的电压应逐步过渡到上述额定电压。用户需要的电压等级不在上述范围时，应自行采取变压措施解决。用户需要的电压等级在110千伏及以上时，其受电装置应作为终端变电站设计，方案需经省电网经营企业审批。

10.临时用电

▌ 临时用电是指对基建工地、农田水利、市政建设等非永久性用电供给临时电源。临时用电期限除经供电企业准许外，一般不得超过6个月，逾期不办理延期或永久性正式用电手续的，供电企业应终止供电。使用临时电源的用户不得向外转供电，也不得转让给其他用户，供电企业也不受理其变更用电事宜。如需改为正式用电，应按新装用电办理。因抢险救灾需要紧急供电时，供电企业应迅速组织力量，架设临时电源供电。架设临时电源所需的工程费用和应付的电费，由地方人民政府有关部门负责从救灾经费中拨付。

▎自2017年12月1日起，临时用电的电力用户不再缴纳临时接电费。《国家发展改革委关于停止收取供配电贴费有关问题的补充通知》（发改价格〔2003〕2279号）中关于临时接电费的规定停止执行。

11. 存在无表用电

▎无表用电是指临时用电用户未装用电计量装置，供电企业应根据其用电容量，按双方约定的每日使用时数和使用期限预收全部电费。用电终止时，如实际使用时间不足约定期限二分之一的，可退还预收电费的二分之一；超过约定期限二分之一的，预收电费不退；到约定期限时，应终止供电。

12. 用户改类

▎用户改类，须向供电企业提出申请，供电企业应按下列规定办理：①在同一受电装置内，电力用途发生变化而引起用电电价类别改变时，允许办理改类手续；②擅自改变用电类别，应按本规则第一百条第1项处理。

13. 调整电价分类结构

▎调整销售电价分类结构。①将销售电价由现行主要依据行业、用途分类，逐步调整为以用电负荷特性为主分类，逐步建立结构清晰、比价合理、繁简适当的销售电价分类结构体系；②将现行销售电价逐步归并为居民生活用电、农业生产用电和工商业及其他用电价格三个类别；③销售电价分类结构调整，要考虑用户及电网企业承受能力，分步实施，平稳过渡。

14. 电源数目

▎为了节约电力建设投入，合理配置电力资源，对申请新装及增加用电容量的两路及以上多回路供电（含备用电源、保安电源）用电户，在国家没有统一出台高可靠性电价政策前，除供电容量最大的供电回路外，对其余供电回路可适当收取高可靠性供电费用。

15. 产权分界点

▎供电设施的运行维护管理范围，按产权归属确定。责任分界点按下列各项确定：①公用低压线路供电的，以供电接户线用户端最后支持物为分界点，支持物属供电企业；②10千伏及以下公用高压线路供电的，以用户厂界外或配电室前的第一断路器或第一支持物为分界点，第一断路器或第一支持物属供电企业；③35千伏及以上公用高压线路供电的，以用户厂界外或用户变电站外第一基电杆为分界点，第一基电杆属供电企业；④采用电缆供电的，本着便于维护管理的原则，分界点由供电企业与用户协商确定；⑤产权属于用户且由用户运行维护的线路，以公用线路分支杆或专用线路接引的公用变电站外第一基电杆为分界点，专用线路第一基电杆属用户，在电气上的具体分界点，由供用双方协商确定。

16. 基本电费计算

▌ 基本电费可按变压器容量计算，也可按最大需量计算。具体对哪类用户选择哪种计算办法，用户可根据自身的用电负荷特性选择。

17. 应收电费

▌ 应收电费是指供电企业按照国家核准的电价和用电计量装置的记录，向用户计收的电费。用户应当按照国家批准的电价，并按照规定的期限、方式或者合同约定的办法，交付电费。

18. 功率因数考核方式

▌ 无功电力应就地平衡。用户应在提高用电自然功率因数的基础上，按有关标准设计和安装无功补偿设备，并做到随其负荷和电压变动及时投入或切除，防止无功电力倒送。除电网有特殊要求的用户外，用户在当地供电企业规定的电网高峰负荷时的功率因数，应达到下列规定：100千伏安及以上高压供电的用户功率因数为0.90以上；其他电力用户和大、中型电力排灌站、趸购转售电企业，功率因数为0.85以上；农业用电，功率因数为0.80。凡功率因数不能达到上述规定的新用户，供电企业可拒绝接电。对已送电的用户，供电企业应督促和帮助用户采取措施，提高功率因数。对在规定期限内仍未采取措施达到上述要求的用户，供电企业可中止或限制供电。

19.功率因数调整电费

▌ 功率因数调整电费是指根据计算的功率因数，高于或低于规定标准时，在按照规定的电价计算出其当月电费后，再按照"功率因数调整电费表"所规定的百分数增减电费。如用户的功率因数在"功率因数调整电费表"所列两数之间，则以四舍五入计算。

20.电价

▌ 电价是指电力生产企业的上网电价、电网间的互供电价、电网销售电价。电价实行统一政策，统一定价原则，分级管理。

21.用户定价策略类型

▌ 用户定价为两部制、单一制类型。

▌ 电价构成：大工业电价包括基本电价、电度电价和力率调整电费三部分。电度电价是指按用户用电度数计算的电价。基本电价是指按用户电容量计算的电价。

22.电价执行、用电行业

电价执行是指严格按照国家有关规定核定用户电价，负责按照价格主管部门规定的收费项目和标准计收电费及业务费用。

▌ 居民生活用电价格是指城乡居民家庭住宅，以及机关、部队、学校、企事业单位集体宿舍的生活用电价格。城乡居民住宅小区公用附属设施用电（不包括从事生产、经营活动用电），执行居民生活用电价格。学校教学和学生生活用电、社会福利场所生活用电、宗教场所生活用电、城乡社区居民委员会服务设施用电以及监狱监房生活用电，执行居民生活用电价格。

▌ 农业生产用电价格是指农业、林木培育和种植、畜牧业、渔业生产用电，农业灌溉用电，以及农业服务业中的农产品初加工用电的价格。其他农、林、牧、渔服务业用电和农副食品加工业用电等不执行农业生产用电价格。

▌ 工商业及其他用电是指除居民生活及农业生产用电以外的用电。

23.抄表例日

抄表例日是指按照规定的周期和例日准确抄录客户用电计量装置记录的数据，正确核算电量电费。严格执行电费收缴和财务制度，加强电费回收风险控制，保证资金安全，准确、全额、按期收缴电费。

24.用电计量装置

用户应当安装用电计量装置。用户使用的电力、电量，以计量检定机构依法认可的用电计量装置的记录为准。用电计量装置，应当安装在供电设施与受电设施的产权分界处。安装在用户处的用电计量装置，由用户负责保护。

25.计量方式、变损

用电计量装置原则上应装在供电设施的产权分界处。如产权分界处不适宜装表的，对专线供电的高压用户，可在供电变压器出口装表计量；对公用线路供电的高压用户，可在用户受电装置的低压侧计量。当用电计量装置不安装在产权分界处时，线路与变压器损耗的有功与无功电量均须由产权所有者负担。在计算用户基本电费（按最大需量计收时）、电度电费及功率因数调整电费时，应将上述损耗电量计算在内。

26.配送签收入库

配送签收入库是指计量资产管理单位根据配送任务将各类计量资产配送至相应库房，库房管理人员核对设备品规、数量、检查外包装，无误后签收配送单，并在1个工作日完成营销业务应用系统入库。配送结束后，应将各类配送单据收集并及时进行归档。相应的评价项目与指标规定月度配送入库及时率100%；档案归档及时率100%。

27.计量故障差错

计量故障差错是指负责公司系统计量监督体系建设与运行管理，负责计量器具质量监督管控和分析评价；负责公司系统计量资产全寿命周期管理；负责组织重大计量故障差错调查和处理工作。

28.计量器具配置

▌ 计量器具配置是指各级供电企业依据相关国家、行业标准要求，按照经济合理的原则配置工作计量器具，满足生产运行和经营管理需要，保证计量公正、准确。

29.供用电安全风险

▌ 供用电安全风险指周期巡视方式主要结合计量设备主人制工作，按照周期巡视计划开展低压电能计量装置检查、低压用电安全检查服务、窃电及违约用电检查等相关工作，原则上每年开展一次。

30.问题闭环管理

▌ 问题闭环管理是指各级单位审计、巡视巡察等内部监督部门负责对风控体系建设和实施进行监督检查，准确揭示风险隐患和内控缺陷，进一步发挥查错纠弊作用，促进公司不断优化内控体系。

31.增值税信息

▌ 增值税信息是指电力客户首次申请开具增值税专用发票时，需提供加盖单位公章的营业执照复印件、统一社会信用代码、银行开户名称、开户银行和账号等资料，经审核无误后，从申请当月起给予开具电费增值税发票，申请以前月份的电费发票已开具的不予调换，补开以前月份的增值税发票时限不超出国家税务总局相关规定。

32.供电方案

▌ 依据供电方案编制有关规定和技术标准要求，结合现场勘查结果、电网规划、用电需求及当地供电条件等因素，经过技术经济比较、与客户协商一致后，拟定供电方案。方案包含客户用电申请概况、接入系统方案、受电系统方案、计量计费方案、其他事项等5部分内容。用电申请概况：户名、用电地址、用电容量、行业分类、负荷特性及分级、保安负荷容量、电力用户重要性等级。

33.用电地址

▌ 用电地址信息包括行政区划和详细信息两部分。其中，行政区划包括省（直辖市／自治区）、市、区／县、街道／乡镇、居委会／村等五级，详细信息包括道路、小区、门牌、地标、经纬度信息等。各省（市）公司用电地址信息要与上述地址结构保持统一。

34.用户档案

▌ 推广应用营销档案电子化，逐步取消纸质工单，实现档案信息的自动采集、动态更新、实时传递和在线查阅。

▌ 制订客户资料归档目录，利用系统校验、95598回访等方式，核查客户档案资料，确保完整准确。

35.行业分类

▌ 研究销售电价改革。加强用户用电特性分析，结合实际，研究提出优化销售电价分类、按用电负荷特性进行分档定价实施意见，推动构建完善的销售电价制度。

36.低压用电管理

▌ 低压用电管理主要是围绕低压电能计量装置及客户涉网受（送）电设施，开展低压客户现场与系统档案核查、电能计量装置及附属设施检查、用电安全检查服务、窃电及违约用电检查、用电知识宣传及低压客户增值服务等工作。

▌ 低压用电管理客户侧检查服务范围主要是客户的受（送）电装置，但客户有下列情况之一者，检查服务的范围可延伸至相应目标所在处：有多类电价的；有自备电源设备（如分布式光伏、储能设备等）的；有违约用电和窃电行为或存在安全隐患要延伸检查的；有影响电能质量的用电设备的；有影响电力系统的事故的；法律规定的其他用电检查服务。

▌ 低压用户现场核查是指低压用电管理电网侧检查，范围包含低压计量箱（柜）以及计量箱（柜）内的电能表、互感器、隔离开关、断路器、采集终端及其连接导线。

37.客户档案

▌ 客户档案是指高（低）压用电申请书、客户合法身份证明、产权证明、合同协议、装拆表工作单、变更用电申请书、变更用电经办人身份证明等资料，应同步形成电子文档，并与纸质资料同步流转。

▌ 客户纸质资料记录与营销业务应用系统和客户现场信息相一致。

▌ 客户资料归档前，业务办理人员应对资料和数据的完整性、有效性进行检查。检查无误后，将纸质文档扫描上传，并移交档案管理人员归档。

38.低压客户档案核查

▌ 低压客户档案核查工作内容包括：归集低压用电安全检查服务、窃电及违约用电检查结果等线索，结合低压台区拓扑自主识别、智能采录、核查工具，以现场校核为基础，开展低压客户系统与档案一致性排查，核查"户—变"关系、"箱—表—户"关系、核对客户表计资产号、互感器变比、用电容量等档案信息。

39.转供电标签

▌ 转供电是指电网企业无法直接供电到终端用户，需由其他主体转供的行为。

40.接入系统方案

▌ 接入系统方案是指各路供电电源的接入点、供电电压、频率、供电容量、电源进线敷设方式、技术要求、投资界面及产权分界点、分界点开关等接入工程主要设施或装置的核心技术要求。

41.用户负荷

▌ 用户负荷是指对于具有非线性、不对称、冲击性负荷等可能影响供电质量或电网安全运行的客户，应书面告知其委托有资质单位开展电能质量评估，并在设计文件审查时提交初步治理技术方案。

42.分布式电源

▌ 10千伏及以下电压等级接入，且单个并网点总装机容量不超过6兆瓦；

35千伏电压等级接入且单个并网点总装机容量超过6兆瓦，年自发自用电量大于50%。

43.计量器具安装

▌ 各级供电企业在计量器具安装过程中，应严格执行公司工作流程、施工标准和服务要求，有效防范现场作业风险，确保现场作业质量和安全，不断提升计量优质服务水平和客户满意度。

44.售电侧合规管理

▌ 售电侧管理审计的主要内容包括：市场开拓、业扩报装和优质服务、供用电合同管理、电能计量管理、线损管理、电费抄核收、销售电价执行、营业收费、营销稽查工作开展情况等。

45.权限管理

▌ 权限管理是指公司围绕重大风险管控，构建基于内控流程的风险管控标准，将风险目标、制度要求、授权规则、评价标准等嵌入内控流程，明确各级单位、各业务部门和全体员工共同遵守和实施的一系列控制程序和方法。

▌ 公司遵循风险控制要求和不相容岗位设置原则，将常规授权(基本授权、岗位授权)、特别授权融入风险管控标准，建立基于内控流程关键控制点的授权基础信息，明确授权管理职责分工、授权原则、授权内容。授权基础信息主要包括事项名称、岗位、权限、期限、类型等。

46.数据维护

▌ 数据维护范围为客户档案数据不准确、不完整，需要整理，由于涉及逻辑关系复杂，修改不正确将直接影响电费计算、计量管理和优质服务，并无法通过系统客户端操作界面修改，需通过后台维护修改。

附录

附录1　法规政策文件

附录2　制度规定文件

附录3　营销档案数据匹配逻辑图

附录1　法规政策文件

（01）《中华人民共和国电力法》（中华人民共和国主席令第23号,2018年12月29日第三次修订版）

（02）《中华人民共和国可再生能源法》（中华人民共和国主席令第33号,2019年12月26日修订版）

（03）《电力供应与使用条例》（中华人民共和国国务院令第196号,2019年3月2日第二次修订版）

（04）《供电营业规则》（中华人民共和国电力工业部令第8号）

（05）《国家发展和改革委员会关于停止收取供配电贴费有关问题的补充通知》(发改价格〔2003〕2279号)

（06）《国家发展改革委办公厅关于取消临时接电费和明确自备电厂有关收费政策的通知》（发改办价格〔2017〕1895号）

（07）《国家发展改革委办公厅关于清理规范电网和转供电环节收费有关事项的通知》（发改办价格〔2018〕787号）

（08）《关于颁发〈功率因数调整电费办法〉的通知》[（83）水电财字第215号]

（09）《国家发展改革委关于调整销售电价分类结构有关问题的通知》（发改价格〔2013〕973号）

（10）《国家发展改革委办公厅关于完善两部制电价用户基本电价执行方式的通知》（发改办价格〔2016〕1583号）

（11）《国家发展改革委关于降低一般工商业电价有关事项的通知》（发改价格〔2018〕500号）

（12）《国家发展改革委关于创新和完善促进绿色发展价格机制的意见》（发改价格规则〔2018〕943号）

（13）水利电力部关于颁发《电热价格》的通知（水电财字〔1975〕67号）

附录2 制度规定文件

（1）《国家电网公司营销管理通则》[国网（营销/1）95—2014]

（2）《国家电网公司营销信息管理办法》[国网（营销/3）392—2014]

（3）《国家电网有限公司业扩报装管理规则》[国网（营销/3）378—2019]

（4）《国家电网公司供用电合同管理细则》[国网（营销/4）393—2014]

（5）《国家电网公司分布式电源并网服务管理规则》[国网（营销/4）386—2014]

（6）《国家电网有限公司电费抄核收管理办法》[国网（营销/3）273—2019]

（7）《国家电网公司电价工作管理办法》[国网（财/2）102—2018]

（8）《国家电网有限公司计量资产全寿命周期管理办法》[国网（营销/4）390—2022]

（9）《国家电网有限公司计量工作管理规定》[国网（营销/3）388—2022]

（10）《国家电网公司电能计量故障、差错调查处理规定》[国网（营销/4）385—2014]

（11）《国家电网有限公司计量装置设备主人制管理办法》[国网（营销/3）958—2019）

（12）《国家电网公司营销安全风险防范与管理规范（试行）》和《国家电网公司营销安全风险安全防范手册（试行）》（国家电网营销〔2009〕138号]

（13）《国家电网有限公司反窃电管理办法》[国网（营销/3）987—2019]

（14）《国家电网有限公司低压用电管理办法》[国网（营销/4）1074—2022]

（15）《国家电网有限公司客户安全用电服务若干规定》[国网（营销/4）634—2019]

（16）《国家电网有限公司会计基础管理办法》（国家电网企管〔2019〕132号）

（17）《国家电网有限公司司库管理办法》[国网（财/2）345—2022]

（18）《国家电网有限公司电力营销管理审计办法》[国网（审/4）503—2019]

（19）《国家电网有限公司全面风险管理与内部控制办法》[国网（财/1）155—2020]

（20）《营销数据质量认责要求》《营销专业用电地址信息管理要求》（国网营销综〔2022〕51号）

（21）《国家电网公司电力客户档案管理规定》[国网（营销/3）382—2014]

附录 3 营销档案数据匹配逻辑图

1. 基础字段

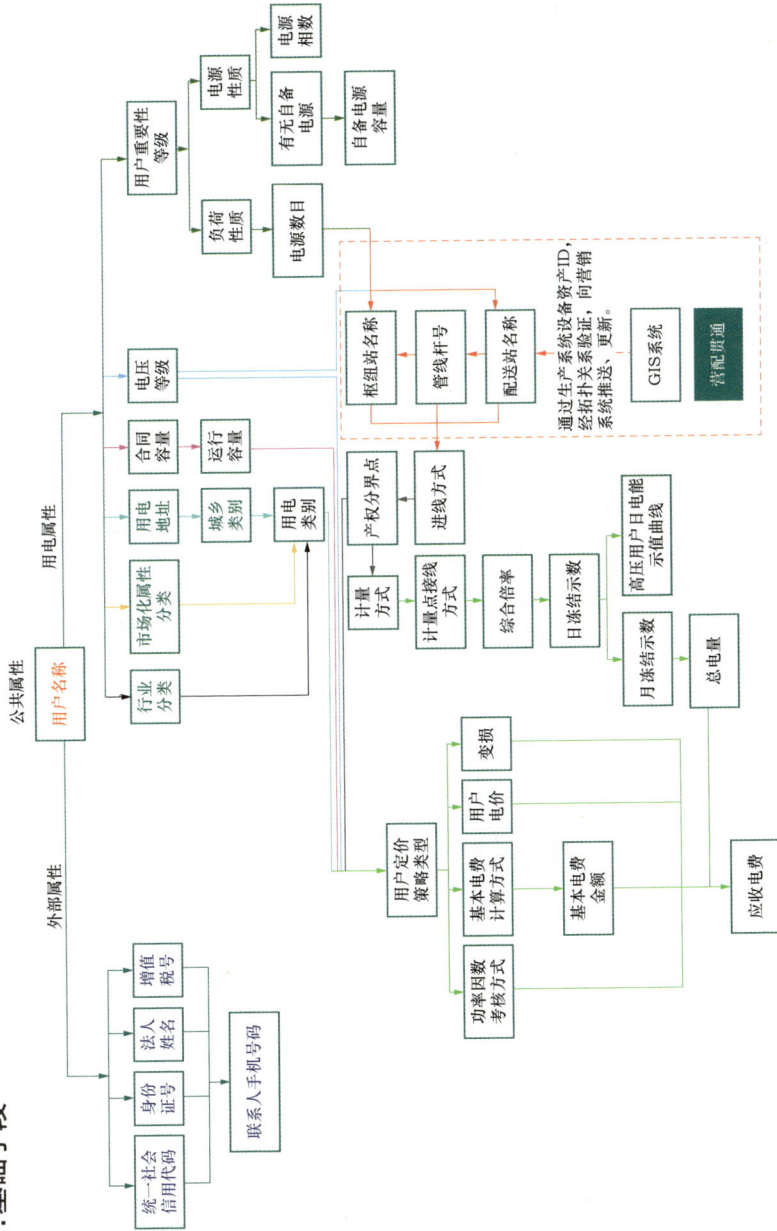

附图 3-1 营销档案数据匹配逻辑图（基础字段）

2. 高压用户

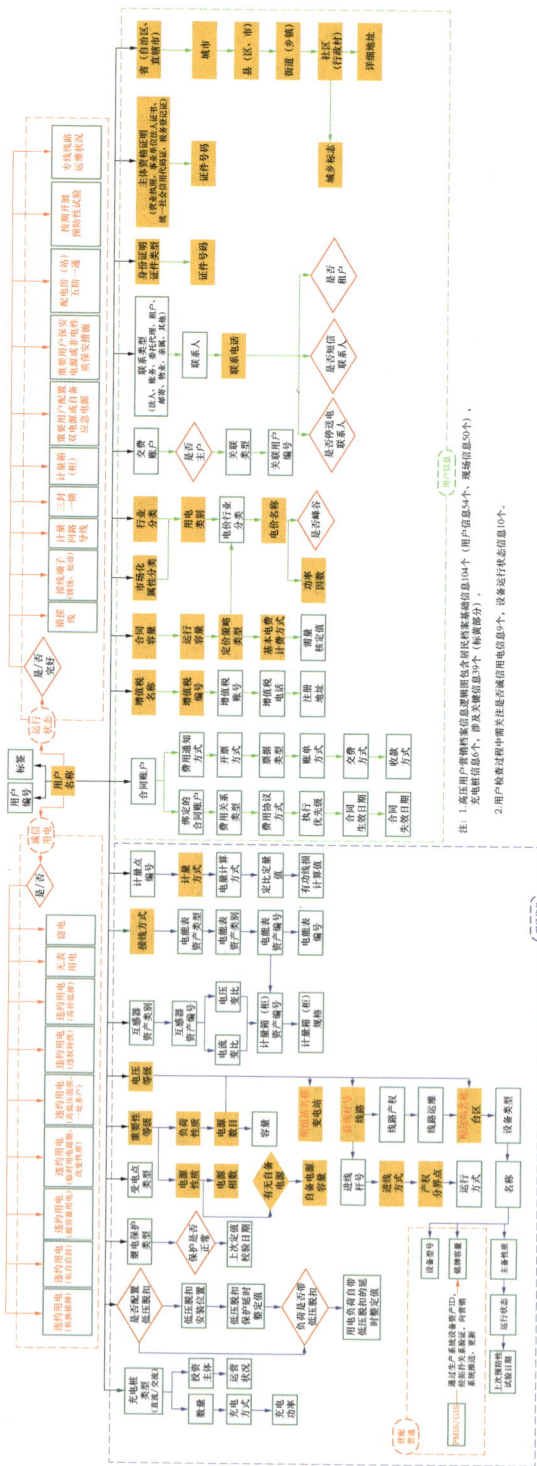

附图3-2 营销档案数据匹配逻辑图（高压用户）

3.低压非居民用户

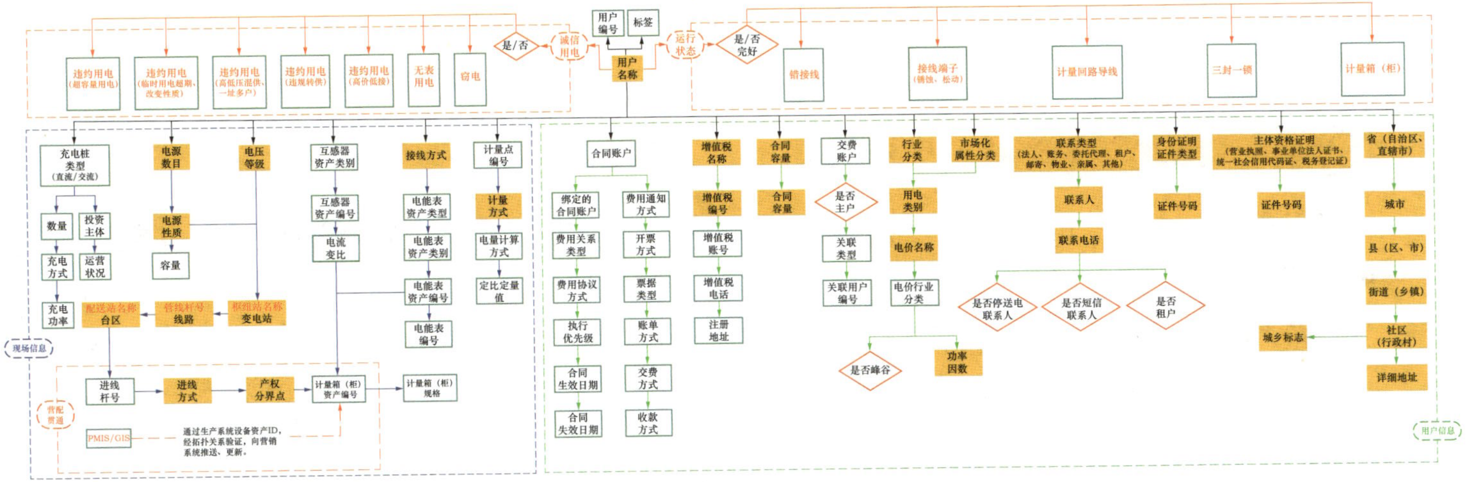

附图3-3 营销档案数据匹配逻辑图（低压非居民用户）

注：1.低压非居民用户户营销档案信息逻辑图包含非居民档案基础信息75个（用户信息51个、现场信息24个），充电桩信息5个，涉及关键信息34个（标黄部分）。

2.用电检查过程中涉及相关信息是否减值用电信息7个、设备运行状态信息5个。

4.低压居民用户

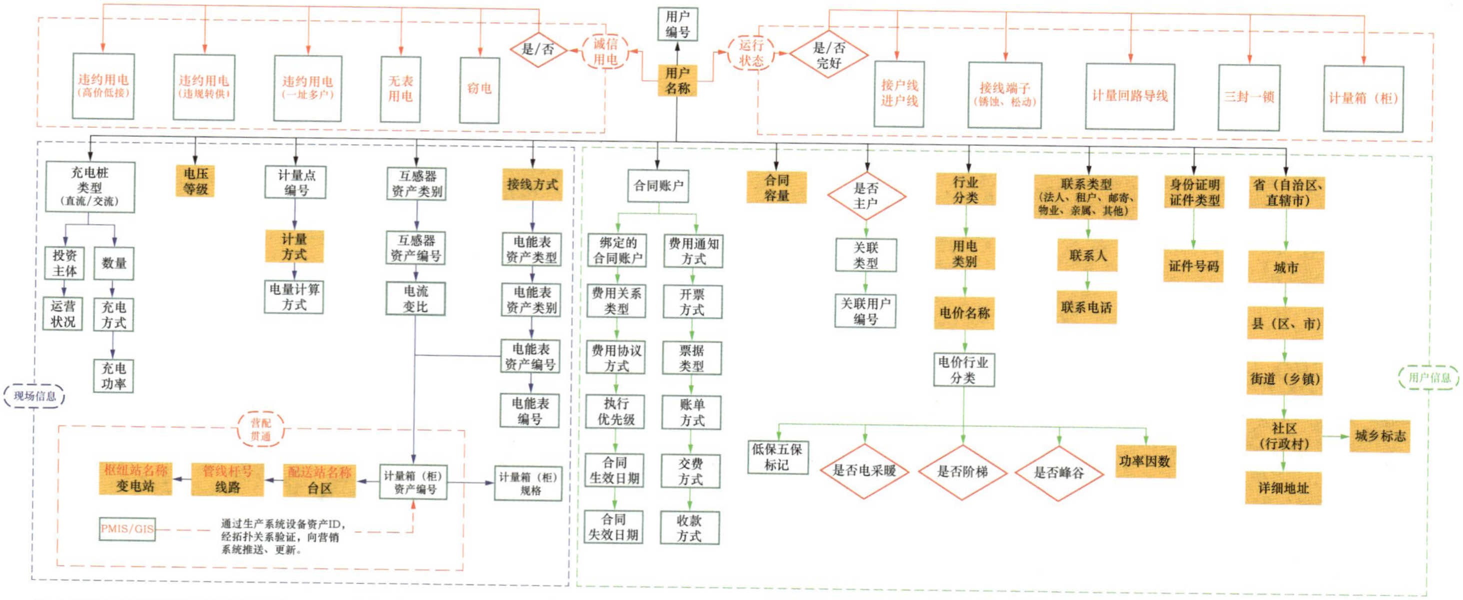

附图3-4 营销档案数据匹配逻辑图（低压居民用户）

注：1.低压居民用户营销案信息57个（用户信息40个、现场信息6个、充电桩信息5个，涉及关键信息24个（标黄部分）。

其中营销案信息逻辑信息包含居民档案基础信息57个（用户信息40个、现场信息6个、充电桩信息5个、设备运行状态信息5个。

2.用电检查过程中需关注是否城信用电信息5个。

5.居民小区

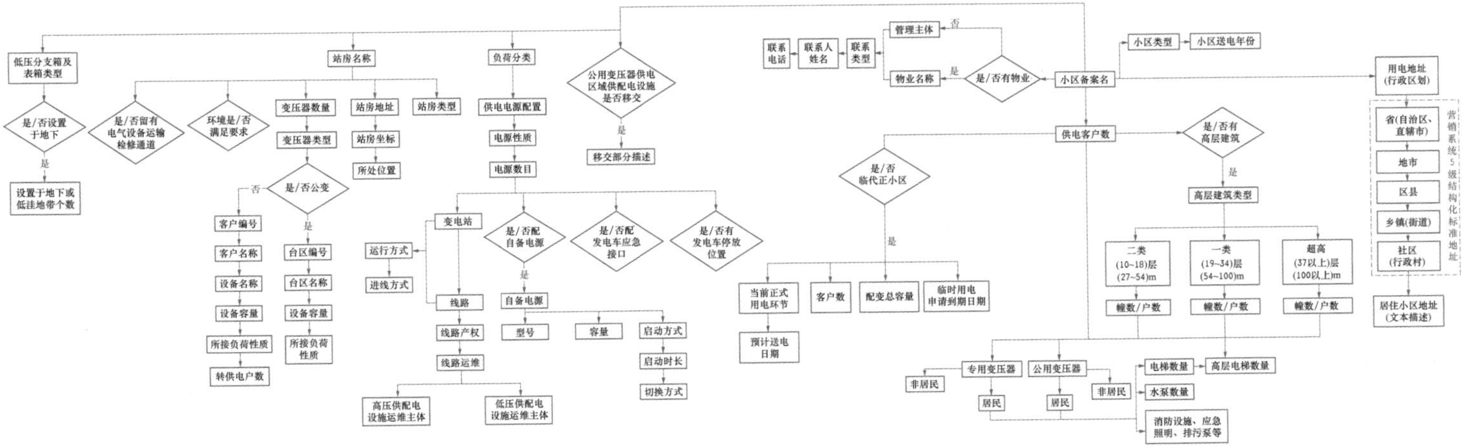

附图 3-5 营销档案数据匹配逻辑图（居民小区）